AF069887

ÄGYPTOLOGISCHE ABHANDLUNGEN

HERAUSGEGEBEN VON WOLFGANG HELCK

BAND 49

STUDIEN ZUR ÄGYPTISCHEN ASTRONOMIE

VON

CHRISTIAN LEITZ

2., VERBESSERTE AUFLAGE

1991

OTTO HARRASSOWITZ · WIESBADEN

STUDIEN ZUR ÄGYPTISCHEN ASTRONOMIE

VON

CHRISTIAN LEITZ

2., VERBESSERTE AUFLAGE

1991

OTTO HARRASSOWITZ · WIESBADEN

Die Deutsche Bibliothek - CIP-Einheitsaufnahme

Leitz, Christian:
Studien zur ägyptischen Astronomie / von Christian Leitz. -
2., verb. Aufl. - Wiesbaden : Harrassowitz, 1991
(Ägyptologische Abhandlungen ; Bd. 49)
Zugl.: Göttingen, Univ., Diss., 1989
ISBN 978-3-447-03157-8
NE: GT

D7 - Göttinger philosophische Dissertationen

Druck und buchbinderische Verarbeitung: BoD, Hamburg
Printed in Germany.

ISSN 0568-0476

ISBN 978-3-447-03157-8

Otto Harrassowitz GmbH & Co. KG
Kreuzberger Ring 7c-d, D-65205 Wiesbaden,
produktsicherheit.verlag@harrassowitz.de

Inhaltsverzeichnis

Vorwort

Ägyptische Astronomie wurde in der Vergangenheit hauptsächlich unter zwei Aspekten bearbeitet. Der eine war, mit ihrer Hilfe Daten für eine absolute Chronologie zu gewinnen. Unglücklicherweise gibt es unter diesem Gesichtspunkt für die ganze klassische Zeit nur 4 verwertbare Texte, die zwei Neumondsangaben und zwei Siriusfrühaufgänge enthalten. Monddaten haben den Nachteil, daß sie in recht kurzen Perioden von 25 Jahren wieder auf dasselbe ägyptische Datum fallen, ein Siriusfrühaufgang hat zwar eine wesentlich größere Periode (etwa 1460 Jahre), dafür ist er aber abhängig von der geographischen Breite; je nachdem, ob man Memphis/Heliopolis oder Theben/Elephantine als Beobachtungsort ansetzt, kommt man auf Unterschiede bei der absoluten Bestimmung des Beobachtungsjahres von 20 bis 24 Jahren. Damit schien der *circulus vitiosus* geschlossen. Ein Monddatum läßt sich sowohl mit einem unterägyptischen wie mit einem oberägyptischen Kalenderbezugspunkt vereinbaren, bei letzterem muß man nur eine Periode von 25 Jahren weitergehen. Die Ägyptologie hat dann versucht, mit nichtastronomischen Argumenten (z.B. über die mutmaßliche Regierungslänge der Könige) den Beobachtungsort festzulegen - mit dem Resultat, daß der eine für Memphis/Heliopolis, der andere für Theben, der dritte für Elephantine plädierte, wobei sich in den letzten Jahrzehnten die Mehrzahl für Oberägypten entschied.

Die vorliegende Arbeit bringt 8 voneinander unabhängige astronomische Argumente für Unterägypten, sodaß in den Augen des Verfassers das Problem des Kalenderbezugspunktes als gelöst erscheint - nicht notwendigerweise aber das der absoluten Chronologie Altägyptens.

Da vielleicht viele die Bestimmung des Beobachtungsortes und die sich daraus ergebenden historischen Schlußfolgerungen als das Hauptergebnis der Arbeit ansehen werden, sei hier betont, daß das Interesse des Verfassers weitgehend bei etwas anderem liegt, nämlich der Stellung und der Bedeutung der ägyptischen Astronomie, losgelöst von dem zufälligen Zusammentreffen astronomischer Texte und Darstellungen mit Daten des ägyptischen bürgerlichen Kalenders. Vom Lob der Griechen ist in der heutigen wissenschaftlichen Einschätzung nicht mehr viel übriggeblieben. Das bedeutendste Standardwerk über antike Astronomie, Otto Neugebauers *History of Ancient Mathematical Astronomy* von 1975, beginnt den Abschnitt über Ägypten mit den Worten:

Egypt has no place in a work on the history of mathematical astronomy.... Egypt provides us with the exceptional case of a highly sophisticated civilization which flourished for many centuries without making a single contribution to the development of the exact sciences.

Die Ägyptologie hat sich Neugebauers (und Parkers) Autorität gebeugt; seit ihrer großen Edition *Egyptian Astronomical Texts* gilt die ägyptische Astronomie als erforscht, nämlich mit dem Resultat, daß es nichts zu erforschen gebe.

Das Ziel der vorliegenden Untersuchung ist zu zeigen, daß die Ägypter zumindest genau zu beobachten und zu messen verstanden. Was sie von den Griechen unterscheidet und was die ägyptische Astronomie in den Augen der Astronomiehistoriker so unattraktiv macht, ist die Art ihrer Darstellung. Zum einen ist es ihre häufige mythologische Einbettung. Es heißt nicht: "untere Kulmination von γ Ursae majoris um Mitternacht", sondern: *ḥb msḫtyw*: "Fest des Stierschenkels", am IV. *šmw* 19 im großen Tagewählkalender wird nicht von der Sommersonnenwende geredet, sondern es wird berichtet, daß das Horusauge gekommen sei, gefüllt sei und unversehrt sei. Diese aus unserer Sicht mythologische Einkleidung der Texte wirkt auf uns so fremdartig, daß bislang noch niemand gemerkt hat, daß dies (auch) ein astronomischer Text ist und zwar einer, mit dem man das 120 Jahre alte Problem des ägyptischen Kalenderbezugspunktes lösen kann. Eine weitere, eher noch schwerwiegendere Tatsache ist der Umstand, daß es den Ägyptern lediglich auf das Ergebnis ankam und sie im Gegensatz zur griechischen und heutigen Wissenschaft nicht das geringste Interesse daran besaßen, ihre Ergebnisse nun jedermann bekanntzumachen, im Gegenteil, um solches zu verhindern, wird das Resultat noch verschlüsselt.

Wenn Eratosthenes den Erdumfang bestimmt, dann sagt er erstens, daß es um den Umfang der Erde geht, und beschreibt zweitens genau, wie er zu seinem Ergebnis gekommen ist, auf diese Weise kennt heute jedes Kind aus seinem Physikbuch die Geschichte von dem Brunnen in Syene, in den zur Zeit der Sommersonnenwende die Sonne am Mittag direkt hineinleuchtete, während Eratosthenes im gleichen Augenblick in Alexandria den Winkel der Mittagssonne maß und dann über einen einfachen Dreisatz den Erdumfang bestimmte.

Die ägyptische Version enthält nichts dergleichen. Es gibt nur die lapidare Mitteilung, daß die Nachtfahrt des Sonnengottes in der zweiten und dritten Stunde jeweils über ein Gebiet von 309 *itrw* ("Meilen") führt, weiter nichts, und diese ansich schon kryptische Information befand sich zum Zeitpunkt ihrer Niederschrift an einem völlig menschenleeren Ort, in einem versiegelten Königsgrab, das darüberhinaus in einen extra bewachten Tal lag.

Wenn meine Arbeit Verständnis für diese spezifische Art von ägyptischer Wissenschaft wecken könnte, hätte sie ihr Hauptziel erreicht.

Ein anderes Ergebnis wäre es, wenn sie Archäologen und Geodäten dazu anregen könnte, das Phänomen "astronomische Orientierung ägyptischer Tempel" ernstzunehmen. Die vorliegende Untersuchung zeigt, daß ägyptische Tempel eine astronomische Orientierung besitzen können, was nicht heißt, daß unbedingt jeder Tempel eine haben muß. Um weiter zu kommen, müßte man bei einem Großteil der ägyptischen Tempel wirklich exakte Vermessungen der jeweiligen Achse durchführen und diese Meßwerte dann auch als Zahlen veröffentlichen. Die Genauigkeit sollte etwa $0^{o}.1$ betragen, und zusätzlich bräuchte man die Höhe des jeweiligen Horizonts und die geographischen Koordinaten. Allein mit den bisher publizierten Plänen läßt sich eine solche Großuntersuchung nicht durchführen, der Grund liegt darin, daß kaum ein Plan auf den geographischen Norden hin ausgerichtet ist, sondern daß fast alle Pläne nur den magnetischen Norden berücksichtigen, d.h. jeder Plan einen unterschiedlichen Bezugspunkt hat. Um ein Beispiel zu nennen: In einem Plan von Lepsius für Theben aus dem Jahr 1844 hat man eine negative Mißweisung von $8^{o}.3$ zu berücksichtigen, d.h. der magnetische Norden weicht um $8^{o}.3$ nach Westen ab. Hat man eine Messung am gleichen Ort von 1988, so weicht der magnetische Norden um $2^{o}.2$ nach Osten ab. Da die meisten Pläne weder Entstehungsjahr noch Mißweisung angeben, zudem die Nordpfeile oft nur 2-3 cm lang sind, kann man sie für irgendwelche Rechnungen nicht verwenden. Eine letzte Voraussetzung wäre dann noch, daß man nur markante Positionen von sicher identifizierten Sternen akzeptiert; hält man sich daran nicht, so wird man natürlich immer irgendwelche Sterne finden, die irgendwann einmal in der Tempelachse standen. Das beste Beispiel für solche Fehlüberlegungen ist das angebliche "Wunder" von Abu Simbel. Die Sonne deckt mit ihrem Aufgangsort mehr als 50° des Osthorizonts ab, legt man die Tempelachse irgendwo in diesen Bereich, so wird die Sonne zwangsläufig an zwei Jahrestagen ins Sanktuar leuchten; das "Wunder" ist in der bisher vorliegenden Form nur eines für leichtgläubige Touristen, da es keinerlei Planung voraussetzt.

Zum Schluß ist es mir eine Freude, mich bei all denen zu bedanken, die am Zustandekommen der Arbeit mitgewirkt haben. In erster Linie gilt der Dank meinem Lehrer Prof. Wolfhart Westendorf, er hat die Arbeit nicht nur mit großem Interesse verfolgt, sondern er war es auch, der mir vorgeschlagen hatte, sie als Dissertation einzureichen, nachdem mich meine Forschungen immer mehr von der Tagewählerei weg- und zur Astronomie hingeführt hatten. Gefreut habe ich mich über die Anteilnahme der beiden anderen Hauptgutachter, Herrn Prof. Junge, Ägyptologie und Herrn Prof. Voigt, Astronomie, beiden verdanke ich Hinweise und Verbesserungsvorschläge. Sehr ehrenvoll war für mich der spontane Vorschlag von Herrn Prof. Helck auf der SÄK in Köln, die Arbeit in den Ägyptologischen Abhandlungen erscheinen zu lassen, ihm sei für dies überraschende Angebot ganz herzlich gedankt. Bei Herrn Dr. Petzolt, dem Verlagsleiter von Harrassowitz, bedanke ich mich für die unerwartet rasche und unkomplizierte Art der Drucklegung. Der Studienstiftung des Deutschen Volkes verdanke ich die Teilfinanzierung meines Studiums und die Vollfinanzierung meiner Promotion, meiner damaligen Marburger Lehrerin, Frau Prof. Kaplony-Heckel die Aufnahme in die Studienstiftung und mein Interesse an der Ägyptologie, ohne ihr persönliches Engagement würde ich vielleicht immer noch Germanistik studieren. Der Dank an Teilnehmer meiner Reisegruppe vom März 88 und an Mitarbeiter des Instituts für Geophysik Göttingen findet sich an den entsprechenden Stellen in den Anmerkungen.

Göttingen, August 1989 Christian Leitz

Vorwort zur 2. Auflage

Für die Neuauflage wurde die seither erschienene Literatur, soweit sie mir bekannt geworden ist, eingearbeitet. Änderungen ergaben sich hauptsächlich in den Kapiteln X und XII, in geringerem Maß auch in Kapitel I, in den übrigen Kapiteln handelt es sich meist nur um Verbesserungen der Tippfehler.

Köln, Juli 91

Christian Leitz

I. Astronomische Voraussetzungen

Ehe die folgenden Untersuchungen angestellt werden können, müssen zwei grundsätzliche Punkte geklärt werden. Wann beginnt der ägyptische Kalendertag und inwieweit werden die Epagomenen in astronomischen Texten berücksichtigt?

1. Tagesbeginn

Der ägyptische Kalendertag beginnt mit Sonnenaufgang und dauert bis zum Sonnenaufgang des nächsten Tages. Normalerweise würde es genügen, bei einem solchen Satz eine Akademieabhandlung Sethe's zu zitieren[1] und dann im Text fortzufahren. Da diese Aussage aber von fundamentaler Bedeutung für die Berechnung aller Himmelsereignisse ist, die um die Tagesgrenze herum stattfinden, z. B. der Siriusfrühaufgang, obendrein der Umstand ansich in letzter Zeit angezweifelt wurde - ohne ausreichende Begründung und vor allem ohne Auseinandersetzung mit Sethe -, sollen hier die wichtigsten Argumente noch einmal in verkürzter Form wiedergegeben werden.

(a) In einem Siutgrab steht mehrfach I. *ꜣḫt* 17: Nacht des Wagfestes[2] und I. *ꜣḫt* 18: Tag des Wagfestes[3] sowie 5. Epagomenentag: Nacht des Neujahrs und I. *ꜣḫt* 1: Neujahrstag[4]. Diese Daten belegen strenggenommen nur, daß die Nacht noch zum vorhergehenden Kalendertag gehört, sagen aber nichts über die strittige Frage aus, ob die Dämmerung schon zum neuen Tag gezählt wird oder nicht.

(b) Zwei Totenbuchstellen (Kapitel 17):

(1) Abschnitt 5 (Zählung nach Hornung)[5]: "Ich bin das Gestern. Ich kenne das Morgen (genauer: Heute)." Die dazugehörige Vignette zeigt zwei Löwen, zwischen denen sich die im Horizont aufgehende Sonne befindet. Die plausible Erklärung ist, daß die Grenze zwischen Gestern (Osiris) und Morgen (Re) der Sonnenaufgang ist.

(2) Abschnitt 18[6]: "Ich habe jenen Re gesehen, der gestern geboren wurde an den Schenkeln der Methyer (Himmelskuh)." Glosse: "Das ist das Bild des Sonnenauges, das täglich (in der Frühe) verehrt wird bei seiner Geburt." D.h. wiederum ist der Sonnenaufgang die Grenze zwischen Gestern und Heute.

1 Sethe, Die Zeitrechnung der alten Ägypter im Verhältnis zu der der anderen Völker, III, NAWG, 1920, 130-5.

2 Griffith, The Inscriptions of Siut and Der Rifeh, London, 1889, Siut I, Zl. 306; 307; 320.

3 Siut I, Zl. 283; 290; 299.

4 Siut I, Zl, 297; 305; 312.

5 Text und Übersetzung bei Rößler-Köhler, Kapitel 17 des Ägyptischen Totenbuches, GOF IV, 10, Wiesbaden, 1979, 157 und 214.

6 Rößler-Köhler, op. cit., 160 und 220.

(c) Die erste Tagesstunde heißt *wbnw*: "Die aufgehende (Sonne)"[7].

(d) Der griechische Schriftsteller Theon schreibt: "Sirius geht um die 11. Stunde auf, um das Neujahr zu eröffnen."[8]. D.h. der Siriusfrühaufgang fällt noch in den kalendarischen Vortag.

(e) Ein Kalender aus Tanis (7. - 8. vorchristliches Jahrhundert) enthält die Anzahl der Tag- und Nachtstunden für die einzelnen Monate (jeweils Tag 1 und 15)[9]. Würde die Dämmerung schon mit zum Tag gehören, müßte die Dauer der Tagstunden um einiges größer sein, an den Äquinoktien dürfte die Verteilung nicht 12 : 12 lauten. Außerdem dürften in diesem und in dem Kalender auf der Rückseite des Kairiner Tagewählkalenders (vso XIV) die Anzahl der Tag- und Nachtstunden auf das Jahr gesehen nicht gleich sein. Würde tatsächlich die Dämmerung mit zum Tag gezählt werden, müßte es prinzipiell mehr Tag- als Nachtstunden geben - was nicht der Fall ist.

Selbst wenn einige weitere Beispiele Sethe's weniger überzeugend sind[10], so dürfte das bisherige doch ausreichen, um sicher sagen zu können, daß der Sonnenaufgang den kalendarischen Tagesbeginn darstellt[11].

7 Wb I, 294, 6. Vgl. auch die Darstellungen der Unterweltsbücher in der 12. Nachtstunde, die alle mit dem Sonnenaufgang enden.

8 Zitiert bei Sethe, Zeitrechnung II, 44, Anm. 2 und Ed. Meyer, Ägyptische Chronologie, Berlin, 1904, 22, Anm. 1 (bezweifelt die äg. Herkunft der Aussage).

9 Clère in Kemi 10, 1949, 7-19.

10 Eines der Beispiele Sethe's, op. cit., S. 133 ist falsch. Im Libyerkrieg des Merenptah findet sich nicht die Abfolge Nacht des 2. Epiphi, 3. Epiphi: Tag der Schlacht. Statt des 2. Epiphi steht sowohl in der von Sethe zitierten Edition (Mar., Karn., 53, 3) wie in der von Kitchen kollationierten Ausgabe (KRI IV, 5, 15-6) der 1. Epiphi. Die Argumente (b) und (c) der ersten Auflage, d.h. die Texte über das Aufstellen des Djedpfeilers und das Hellwerden der Erde (*ḥd-tꜣ*) wurden hier weggelassen, da sie für die Bestimmung des Tagesbeginns nicht beweiskräftig sind. Für den Zeitbegriff *ḥd-tꜣ* (zumeist die Zeit nach Sonnenaufgang) verweise ich auf meine kommende Arbeit über die Tagewählkalender.

11 Vgl. auch E. Iversen, Papyrus Carlsberg Nr. VII, Fragments of a Hieroglyphic Dictionary, Kopenhagen, 1958, 19-20, wo Tag (*hrw*) definiert wird mit: "Re bei seinem Aufgang am Morgen".

Nach Abschluß des Manuskripts machte mich U. Luft freundlicherweise auf seinen Aufsatz in Altorientalische Forschungen 14, 1987, 3 - 11 über den Tagesbeginn in Ägypten aufmerksam. Luft kommt - auf z. T. anderem Wege - ebenfalls zu dem Ergebnis, daß der ägyptische Kalendertag mit dem Sonnenaufgang begann, sodaß man das Problem wohl als endgültig gelöst ansehen kann; Krauss, BSEG 14, 1990, 54-6 ändert daran nichts, da er weder auf Luft's noch auf meine Argumente eingeht.

Diese klare Erkenntnis ist nach Sethe teilweise wieder in Vergessenheit geraten. Parker, Calendars, S. 14 scheint ihr in einem Schaubild noch zu folgen[12]. Im § 32 zitiert er Sethe (Anm. 26), legt aber schon den Grundstein zur späteren Verwirrung mit dem Terminus dawn (statt des eindeutigen sunrise). In jüngeren Aufsätzen wird dann Sethe überhaupt nicht mehr zitiert, der Tagesbeginn wird jetzt apodiktisch mit dem Anfang der astronomischen Dämmerung gleichgesetzt[13]. Diese neue Erkenntnis wird benötigt, um einen Text emendieren zu können, das Datum der Schlacht von Megiddo soll von Tag 21 (so der Text) auf Tag 20 reduziert werden. Emendiert man nicht, kann man den Regierungsbeginn Thutmosis III. nicht länger auf 1490 v.Chr. setzen, sondern von den drei Möglichkeiten bleiben nur 1504 und 1479 v. Chr. übrig. Zur Begründung des veränderten Tagesbeginns wird auf die Einteilung der ägyptischen Nacht in 12 Stunden und deren Messung mit Hilfe aufgehender/kulminierender Dekansterne verwiesen, die während der astronomischen und erst recht der bürgerlichen Dämmerung nicht mehr sichtbar seien. Diese Unsichtbarkeit der Dekansterne vor Sonnenaufgang widerlegt aber nicht etwa den ägyptischen Tagesbeginn bei Sonnenaufgang, hierzu vergleiche man noch einmal die eindeutigen Darstellungen der ägyptischen Unterweltsbücher, sondern sie stellt lediglich ein natürliches technisches Hindernis der Zeitmessung mit Hilfe von Dekansternen dar. Dies Hindernis taucht schon nicht mehr auf bei der Zeitmessung mit einer Wasseruhr; eine vergleichbare technische Schwierigkeit liegt bei einigen Schattenuhren vor, die den Tag auch nicht von Sonnenaufgang bis Sonnenuntergang messen können, weil am Morgen und am Abend die Schatten zu lang sind. Erklärungen anderer Art (Spalinger, GM 33, 1979, 49) sind falsch und dienen trotz lobenswerten programmatischen Äußerungen (S. 51: "Follow the text. This must be the first procedure for every scholar....) nur dazu, eine Textemendation vorzubereiten[14].

Zusammenfassend heißt das, daß eine Gleichsetzung von ägyptischen und julianischen Daten (z.B. II. *prt* 13) = 14.7. (jul.) nur ungefähr richtig ist. Eine exakte Gleichsetzung der beiden Daten in dem Beispiel muß lauten: II. *prt* 13 = 14.7. Sonnenaufgang - 15.7. Sonnenaufgang. In diesem strengen Sinn wird in der vorliegenden Untersuchung jedes ägyptische Datum behandelt, Schlußfolgerungen, die nicht auf dieser Vorausetzung beruhen, sind abzulehnen[15]. Wer sich daran nicht hält, wird beispielsweise jedem Sothisfrühaufgang ein falsches julianisches Datum zuordnen, nämlich einen Tag zu früh, ein Umstand, der zu einem absoluten Fehler von 4 Jahren in Richtung einer Langchronologie führt.

12 Bei der Bestimmung des *psḏntyw*. Ausführliche Darstellung der Problematik im Kapitel X über die Monddaten Thutmosis III..

13 Parker in: Studies in Ancient Egypt, the Aegean and the Sudan (Fs Dunham), Boston, 1980, 147.

14 Siehe Kapitel X, 1. Die Schlacht von Megiddo.

15 Z.B. Ed. Meyer, Ägyptische Chronologie, 20 und 24, Anm. 2.

Gerade für den heliakischen Aufgang des Sirius gibt es zahlreiche Texte, die diesen in einem idealisierten bürgerlichen Kalender explizit auf den 5. Epagomenentag legen. Den Frühaufgang des Sirius (= Isis - Sothis) beschreibt folgender Text[16]:

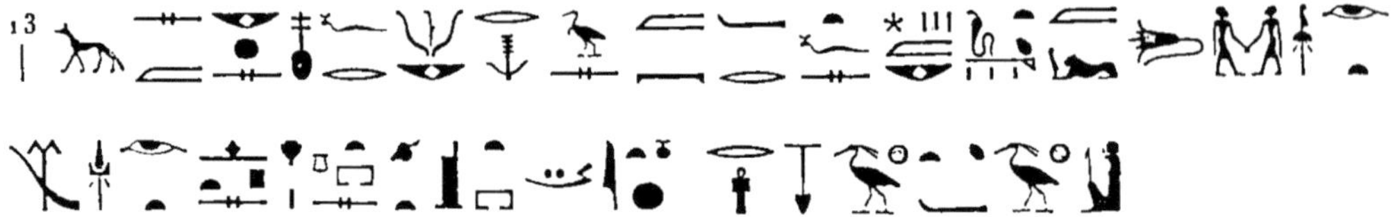

Übersetzung:
"Sie kommt an ihrem schönen Fest des *wpt-rnpt*, damit sich ihr Ba am Himmel mit ihrem Vater vereinige. Die Götter ("Sterne") feiern ein Fest und die Göttinnen sind froh. Es vereinigt sich das rechte Auge mit dem linken. Sie ruht auf ihrem Thron vor der Stelle des Erblickens der Sonnenscheibe, nachdem sich die Glänzende (*ꜣḫt* = Sirius) mit dem Glänzenden (*ꜣḫ* = Sonne) vereinigt hat."
Mit dem rechten Auge ist die Sothis gemeint, mit dem linken Re als Morgensonne, dies ergibt sich aus den genaueren Determinativen des Paralleltextes Dendara VII, 179, 1-2. Noch deutlicher ist folgender Text[17]: "es vereinigt sich das rechte Auge mit dem linken am Anfang des Jahres (*tpy-rnpt*) am I. *ꜣḫt* 1." Ähnlich ist Dendara VIII, 73, 6-7: "Isis,... die Mächtige (*wsrt*), Sothis.... damit sie sich mit ihrem Vater vereinigt an [diesem] Tag des Neujahrsfestes (*wpt-rnpt*)."
Die Geburt der Isis-Sothis, d.h. der heliakische Aufgang ist kalendarisch exakt festgelegt: "Das ist das Herbeibringen des Stoffes für den Empfang des schönen Jahres für Isis, die Große, die Gottesmutter. "Empfange! Empfange die schönen Jahre am Tag der Nacht des Kindes in seinem Nest!""[18] Ein anderer Text ist Dendara II, 122, 9-10. "Geboren hat sie (Isis-Sothis) ihre Mutter Nut im "Haus der Nut" (= Dendera, Gauthier, DG, IV, 78) an dem Tage der Nacht des Kindes in seinem Nest."[19]

16 Brugsch, Thesaurus, 106, laut Brugsch Mar. Dend. IV, 1 (richtig: IV, 2, 13) = Dendara VII, 175, 3-5.

17 Dendara VII, 190, letzte Zl.; ähnlich: VII, 177, 8-9; 202, 3.

18 Brugsch, Thesaurus, 103 (nicht bei Mariette oder Chassinat), Ort: Nordwand des Saales A (1. Säulensaal) im Tempel von Dendera.

19 Paralleltexte (z.T. mit kleinen Abweichungen): Dendara II, 98, 2-3; 104, 5-6; 105, 10-11; 108, 4-5; 110, 14-15; 118, 7-8.

Der Tag *nḫnw imy sš.f* ist der 5. Epagomenentag, vgl.:
(a) P. Leiden I 346, III, 1-2[20]: "5. Epagomenentag: Gefährlich! Geburt der Nephthys..... Der Name dieses Tages: "Das Kind, das in seinem Nest ist" (*ḫwnw imy sš.f*) ist sein Name."
(b) P. Cairo JE 86637, vso. XI, 1-2[21]: "5. Epagomenentag: Geburt der Nephthys..... Der Name dieses Tages: "Das Kind, das in seinem Nest ist" (*nḫn imy sš.f*)."
(c) P. Cairo JE 86637, vso. XVII (etwas korrupt): 5 Töpfe, die den 5 Epagomenen entsprechen.
"[5. Topf] Nephthys. Das Kind, das in seinem Nest ist (*nḫn imy sš.f*)".
Es kann nach all diesen Texten nicht der geringste Zweifel daran sein, daß der Siriusfrühaufgang in einem idealisierten bürgerlichen Kalender in der letzten Stunde des 5. Epagomentages erfolgt und der Neujahrstag wie jeder andere Tag auch mit Sonnenaufgang beginnt.

2. Epagomene
Weit weniger umstritten ist die Tatsache, daß die fünf Zusatztage in astronomischen Texten in der Regel keine Berücksichtigung finden. Da dieser Sachverhalt an mehreren Punkten der Untersuchung eine Rolle spielt, seien hier dennoch einige Belege stichwortartig zusammengestellt.
(a) P. Carlsberg I[22].
(b) P. Ebers und P. Cairo JE 86637 (Cairo Calendar), vso. XIV[23].
(c) Der IV. *šmw* 30 ist der "Tag der Abendmahlzeit (*msyt*) des Jahresbeginns (*tpy-rnpt*)[24].
(d) Ein Kalender aus Tanis, der die Zahl der Tag- und Nachtstunden für die einzelnen Monate angibt, die Epagomenen werden nicht berücksichtigt[25].
(e) Die Kalender im Grab des Senenmut und im Ramesseum[26].
(f) Eine Wasseruhr aus der Zeit Amenophis III.[27].

20 Stricker in OMRO 29, 1949, 55-70.
21 Bakir, The Cairo Calendar, Cairo, 1966.
22 Lange/Neugebauer, Papyrus Carlsberg No. 1, Kopenhagen, 1940, 73; EAT I, 55 und 112-3.
23 Behandelt im Kapitel III über den Monatsnamen *wpt-rnpt*.
24 Text (Bénédite, MIFAO V, 526 (Neferhotep)) zitiert bei Sethe, Zeitrechnung I, 303, Anm. 6.
25 Clère in Kemi 10, 1949, 17 mit weiterer Literatur.
26 EAT I, pl. 24 und III, pl. 1 und 5.
27 Photo: EAT III, pl. 2. Siehe L. Borchardt, Die Geschichte der Zeitmessung und der Uhren, Band I, Berlin/Leipzig 1920, B6 - B7; Parker, Calendars, § 208.

(g) Die Dauer der Balsamierung Ramses III. (Tod am III. *šmw* 14; Bestattung am I. *ꜣḫt* 24) beträgt ohne Berücksichtigung der Epagomenen die geforderten 70 Tage[28].

28 Helck in: Fs Schott, Wiesbaden,1968, 71; Barta,SAK 8, 1980, 36-8; ausführlicher: Altenmüller, SAK 11, 1984, 41-3.

II. Die Tagewählkalender

1. Einleitung und Rechnungen

a) Es besteht die Vermutung, daß in den Tagewählkalendern[1] mindestens drei astronomische Ereignisse festgehalten sind. Diese seien zunächst rechnerisch für die beiden möglichen Bezugsorte Memphis/Heliopolis ($\varphi = 30^{o}$) und Theben ($\varphi = 25^{o}.7$) ermittelt, ein Vergleich mit den textlich überlieferten Daten wird dann die Entscheidung ermöglichen, ob der allgemeine Bezugsort des ägyptischen Kalenders zur Zeit des NR in Ober- oder in Unterägypten lag. Bei den drei Himmelserscheinungen handelt es sich um

1. den heliakischen Frühaufgang des Sirius
2. die untere Kulmination von γ Ursae majoris um Mitternacht
3. das Sommersolstitium.

b) Als wichtigste Voraussetzung muß angenommen werden, daß der vorliegende Kalender ein Idealkalender in dem Sinne ist, daß der Frühaufgang der Sothis wirklich den Überschwemmungsbeginn und damit das Neujahr verkündet. Da der Text des Neujahrstages (I.*ꜣḫt* 1)[2] von einem "Wasser vom Beginn der Nilflut" spricht, kann diese Voraussetzung als erfüllt gelten. Zudem könnte man darauf verweisen, daß es sich bei beiden Textvertretern (Cairo Calendar (C) und P. Sall. IV (S)) um Abschriften handelt, ein starkes Indiz dafür, daß es sich um einen immerwährenden und damit idealisierten Kalender handeln muß. Als Rechendatum wird folglich die Apokatastasis des 14. vorchristlichen Jahrhunderts gewählt, d.h. der Tag, an dem im ägyptischen Kalender der Sothisaufgang auf den 5. Epagomenentag fällt, eine halbe Stunde später beginnt dann mit Sonnenaufgang der Neujahrstag. Dabei spielt das exakte Datum keine große Rolle, die drei Ereignisse sind innerhalb des julianischen Kalenders bei nur kurzen Zeitintervallen nahezu konstant.

c) Die Rechnung[3]:

(1) Siriusfrühaufgang:

a) in Memphis: Aufgang am 17. Juli bei β (arcus visionis) von $8^{o}.8 < \beta < 9^{o}.5$.
Aufgang am 18. Juli bei $\beta \geq 9^{o}.5$.

b) in Theben: Aufgang am 12. Juli bei $8^{o}.3 < \beta < 9^{o}.1$.
Aufgang am 13. Juli bei $\beta \geq 9^{o}.1$.

1 Sämtliche Tagewählkalender werden vom Verfasser neu bearbeitet, bis zum Erscheinen dieser Arbeit ist die Ausgabe von Bakir, The Cairo Calendar, Cairo, 1966, zu konsultieren. Der Paralleltext P. Sallier IV findet sich bei Budge, HPBM II, pl. 88-111.

2 Cairo Calendar, rto III, 4.

3 Rechnung nach NAC, I, § 18.

(2) Die untere Kulmination von γ Ursae majoris um Mitternacht (unabhängig von der geographischen Breite φ)[4]:

Nacht vom 30. auf 31. Juli: unt. Kulm.: $0^h\ 05^m$ Mitternacht: $0^h\ 00^m$.

Nacht vom 31. Juli auf 1. August: unt. Kulm.: $0^h\ 01^m$ Mitternacht: $0^h\ 01^m$.

(3) Sommersonnenwende (unabhängig von φ)[5]:

Tag 187.07 = 6. Juli (jul.); Rechengenauigkeit etwa 1 Stunde.

D.h. die Differenz Sommersonnenwende/Neujahrstag beträgt in ägyptischen Kalendertagen für Memphis: 11 - 12 Tage, d.h. Sommersonnenwende am IV. *šmw* 19 oder 20.
für Theben: 6 - 7 Tage, d.h. Sommersonnenwende am IV. *šmw* 24 oder 25 (jeweils ohne Berücksichtigung der Epagomenen[6]).

2. Die jährliche Sonnenbahn

a) Zur Einleitung sei ein Abschnitt aus einen astronomischen Handbuch[7] vorangestellt: "Am Tag des Frühlingsanfangs (21. März) bzw. des Herbstanfangs (23. September) geht die Sonne genau im Osten auf und im Westen unter. An allen anderen Tagen des Sommerhalbjahres aber geht die Sonne nördlich vom Ostpunkt auf und dementsprechend nördlich des Westpunktes unter. Ihren größten Abstand vom Ost- bzw. Westpunkt erreicht die Sonne am Tag der Sommersonnenwende (22. Juni). Von diesem Tag an nimmt der Abstand zwischen Ostpunkt und Aufgangspunkt der Sonne, die Morgenweite, wieder ab, bis am Tage des Herbstanfangs die Sonne wieder genau im Osten aufgeht. Im Winterhalbjahr liegen die Aufgangspunkte der Sonne alle südlich des Ostpunktes und die Untergangspunkte entsprechend südlich des Westpunktes. Am Tag der Wintersonnenwende (22. Dezember) hat die Sonne ihren größten südlichen Abstand vom Ost- bzw. Westpunkt erreicht."

b) Altägyptische Belege für die Beobachtung des jährlichen Sonnenlaufs

In der Architektur wurde die jährliche Sonnenbahn insofern verwendet, als daß das Azimut einiger Tempelachsen mit dem Azimut des Sonnenaufgangs an einem bestimmten Tag übereinstimmt[8]. Ferner findet sich eine schematische Darstellung des Sonnenlaufs im Sanktuar des römischen Mammisis von Dendera, die weiter unten in einem Exkurs behandelt wird. Desweiteren sind sowohl die Wasseruhren wie die Sonnenuhren heranzuziehen[9], ebenso der einschlägige Text auf einer Weihelle: "Der lebende Ba, der die

4 Rechnung nach NAC, I, § 16, VI. Für die Bestimmung der Mitternacht vgl. NAC, I, § 16, III (Stichwort: Zeitgleichung, NTAC, III, Tafel 7).

5 Rechnung nach NTAC III, § 22.

6 Siehe das einleitende Kapitel.

7 Meyers Handbuch über das Weltall, Mannheim, 1973[5], 114.

8 Siehe unten das Kapitel IX über die Orientierung der Tempel von Abu Simbel, Amarna, Heliopolis).

9 L. Borchardt, Die Altägyptische Zeitmessung, Berlin/Leipzig, 1920, passim.

Sonnenscheibe nordwärts fahren läßt, nachdem sie südwärts gefahren war[10]". In der Religion bildet die jährliche Sonnenbahn den astronomischen Hintergrund für zwei Mythen. Für den Horusmythos von Edfu hat das unlängst D. Kurth herausgestellt[11]: "In seinem formalen Aufbau zeichnet der Mythos von Horus, der geflügelten Sonnenscheibe, die jährliche Verschiebung der Sonnenbahn nach; Nahtstelle dieses Zyklus ist das Wintersolstitium: "Für den Mythos vom Sonnenauge ist das schon länger bekannt, die zürnende Göttin hält sich zur Zeit der Wintersonnenwende am weitesten von Ägypten entfernt im Süden auf, Höhepunkt ihrer Heimkehr nach Norden (Ägypten) ist die Sommersonnenwende[12].

3. Das Sonnenjahr im Haupttext der Tagewählkalender

a) Sommersonnenwende

Am IV. *šmw* 24 oder 25 läßt sich keine Anspielung auf das Solstitium entdecken, fündig wird man aber am IV. *šmw* 19:

Der Text:

vso. VIII, 11

11 a sic, darunter ein ⊂⊃ gelöscht. b–c anscheinend irgendwelche Korrekturen, man erwartet ..., vgl. vso VI, 3.

Übersetzung:

"4. Monat der Erntezeit, Tag 19:

Gut! Gut! Gut!

Mach dein Fest für deinen Gott! Stelle deinen Ach-Geist zufrieden, weil dieses Horusauge gekommen ist, gefüllt ist und unversehrt ist, ohne daß ein Nachzählen an ihm nötig ist."

Viel deutlicher kann man mit Hilfe des Mythos vom fernen Sonnenauge die Sommersonnenwende kaum beschreiben. Das Auge ist gekommen, d.h. die Sonne hat ihren nördlichsten Punkt erreicht, der Rest des Textes (ab *mḥ.ti*) verdeutlicht noch einmal den Kulminationspunkt, eine Verbesserung der Position ist nicht mehr möglich.

10 A. Schlott-Schwab, Die Ausmaße Ägyptens nach altägyptischen Texten, Ägypten und Altes Testament, Bd. 3, Wiesbaden, 1981, 46, Text h.

11 RdE 34, 1982-3, 72. Vgl. auch den Monatsnamen *pꜣ šmt n Ḥr* aus dem NR (Erman, ZÄS 39, 1901, 128f), der den Monat der Sommersonnenwende bezeichnet.

12 Zuletzt etwa Sternberg, Mythische Motive und Mythenbildung in den ägyptischen Tempeln und Papyri der griechisch-römischen Zeit, GOF IV, 14, Wiesbaden, 1985, 228 mit weiterer Literatur in Anm. 1 (ihre Aussage, die Wintersonnenwende hätte am 21. Dezember bei Kalabscha stattgefunden, ist zu streichen.).

b) Wintersonnenwende:

Wenn die Sommersonnenwende auf den IV. *šmw* 19 fällt, so ist die Wintersonnenwende am II. *prt* 19 zu erwarten. In der Tat wird das Wintersolstitium in einer Serie von 3 Tagen behandelt, beginnend am Tag 18.

Der Text:

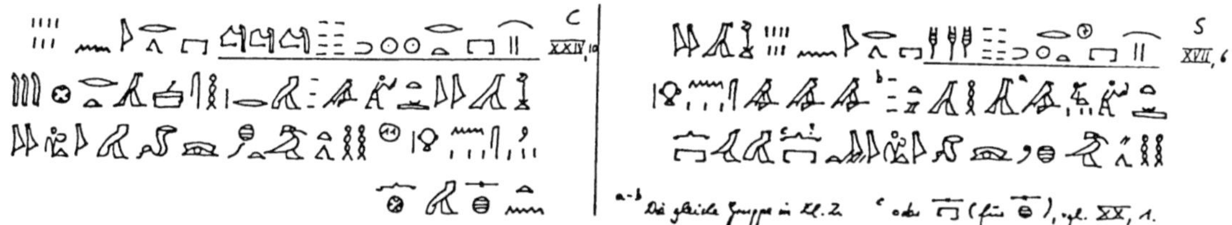

Übersetzung:

C/S: "2. Monat der Saatzeit, Tag 18:

C: Gefährlich! Gefährlich! Gefährlich!

S: Ungewiß! Ungewiß! Ungewiß![13]

C/S: Auszug durch die sieben *ḫ3tyw*-Dämonen (S: des Feldes(?)[14]) aus *Rḫst*[15] (nur in C). Ihre Finger[16] suchen das *3ḫt*-Auge[17] in[18] *Iyt*[19] und *Ḥm*[19]."

13 Für *ꜥḥꜥ*: "Ungewiß" in S steht in C, der nur zwei Bewertungen kennt, generell *ꜥḥ3*: "Gefährlich".

14 Die Gruppe findet sich auch am II. *prt* 13 (in S) hinter den *ḫ3tyw*, u.U. auch am III. *3ḫt* 10. Ob es sich dabei wirklich um *3ḫt*: "Feld" handelt oder, wie man auf Grund des vorliegenden Tages vermuten könnte, um eine Fehlschreibung für *Rḫst*, sei dahingestellt. Für die *ḫ3tyw*-Dämonen selbst sei auf einen Exkurs in der geplanten Gesamtedition der Tagewählkalender verwiesen.

15 Hier und am II. *prt* 13 ein Ortsname, der mit den *ḫ3tyw* verbunden wird. *Rḫst* ist nach einhelliger Meinung ein Ort in oder in der Nähe von Letopolis (Ausim), an dem sich ein Sachmetheiligtum befand, vgl. den häufigen Beinamen der *Sḫmt nbt Rḫst*. Literatur und Belege: Hauptsächlich Sauneron in: Kemi 11, 1950, 120-3; Gauthier in: ASAE 19, 1920, 198 (verweist auf zahlreiche Schreibvarianten, z.T. ohne *r*, d.h. *Ḥs3* u.ä.); vgl. dazu Gauthier, DG III, 137-8 und Naville, Tb 42, 6, wo *Ḥm* und *Ḥs* als Varianten nebeneinander stehen; M. Ramzi,das geographische Wörterbuch der ägyptischen Städte und Dörfer (arabisch) 1953/4, 268, denkt an eine Identifikation von *Rḫst* mit dem Dorf El-Rahawi (nordwestlich von Ausim), zitiert bei Gomaa, Die libyschen Fürstentümer des Deltas, Wiesbaden, 1975, 51.

16 In S ein graphischer Fehler (𓀀 für 𓂭).

17 Bez. des Sonnenauges, WB I, 17, 1.

18 S: <*m*>.

19 Beides häufige Bez. für Letopolis, Gauthier, DG I, 38 und IV, 175.

Der Suche nach dem fernen Sonnenauge durch die sieben Helfer des Sonnengottes am Tag 18 schließt sich am nächsten Tag das Finden an.
Der Text:

Übersetzung:
C/S: "2. Monat der Saatzeit, Tag 19:
C: Gut! Gefährlich! Gefährlich!
S: Gut! Gut! Gefährlich!
C: Entscheide dich nicht, zur Mittagszeit fortzugehen! Jener Tag des Findens........ [20].
S: Entscheide dich nicht, in einem Schiff[21] fortzufahren! Jener Tag des Erblickens des Gottes[20]."

Handelt der Text des vorliegenden Tages vom Finden des fernen Sonnenauges, so geht der folgende Tag auf die niedrige Sonnenstellung zur Zeit der Wintersonnenwende ein.
Der Text:

Übersetzung:
"2. Monat der Saatzeit, Tag 20:
C: Gefährlich! Gefährlich! Gefährlich!
S: Ungewiß! Ungewiß! Ungewiß!
C/S: Aufbruch der Majestät des Himmels nach Süden[22] auf[23] der Bahn des unteren Himmels."

D.h. die Sonne (*ḫmt nt pt*) bewegt sich am Morgen nach der Wintersonnenwende auf der untersten (scheinbaren) Himmelsbahn (*wꜣt nnt*). Durch diese Klärung des astronomischen Hintergrundes läßt sich auch die ansonsten rätselhafte Hauptaussage des folgenden Tages verstehen.

20 Höchstwahrscheinlich das Sonnenauge (*ꜣḫt*), das am Vortag gesucht (*ḫḫi*) wurde. Die gleiche Folge von Suchen und Finden am II. *ꜣḫt* 24 und 25. Am Tag 24 werden die *msw Bdšt* gesucht (*ḫḫi*), am Tag 25 werden sie gefunden (*gmi*). In S eine Verwechslung von *gmi*: finden mit *gmḫ*: erblicken.

21 S statt *ꜥḫꜥw*: "Mittagszeit" *ꜥḫꜥw*: "Schiff".

22 S: Das Udjatauge, das am Himmel ist, fährt südwärts.

23 C: *r*; S: *m*, wohl beides möglich.

Der Text:

C ... XXIV,13 ... XXV,1

S ... XVII,8

a–b (XIV,3): 1,6 cm; b–c (XXX,2): 0,7 cm; c–d (Zl. 11): 0,7 cm; zus.: 3,0 cm; [illegible]: 3,2 cm

a deutlich [Zeichen], ob [Zeichen] gemeint! b o. ä.

Übersetzung:
"2. Monat der Saatzeit, Tag 21:
C: Bewertung fehlt.
S: Gut! Gut! Gut!
C/S: Geburt[24] des Wüstenwildes an[25] dem Ort, wo die Götter der Wüste[26] in der Nähe dieses vorderen Gottes sind[27]."

Über Paarung und Geburt des Wüstenwildes unterrichten am ausführlichsten die Reliefs der Weltenkammer, die nach neueren Forschungen nur aus zwei (!) Jahreszeiten bestehen, einer Herbstjahreszeit (*ꜣḫt*) und einer Frühlingsjahreszeit (*šmw*)[28]. Edel hatte schon früher festgestellt, daß mit einer Ausnahme (*gsfnw*: Zorilla) alle Paarungen im Herbst (*ꜣḫt*) stattfinden und alle Geburten im Frühjahr (*šmw*)[29]. Wenn nun am II. *prt* 19 Wintersonnenwende ist, so fällt der II. *prt* 21 auf den Beginn der zweiten astronomischen Jahreshälfte (den "*šmw*") und die Geburt des Wüstenwildes erhält ihren (biologischen) Sinn.

Ein weiteres Argument hat indirekt schon D. Kurth vorgebracht, wenn er darauf hinweist, daß im Horusmythos von Edfu als Festdatum für die Siegesfeier der II. *prt* 21 genannt

24 S fehlerhaft: *msw nb n.f*, der Anfang wohl bedingt durch eine Verwechslung mit der häufigen Todesprognose *msw nb m hrw pn mwt.f n....*

25 Eigentlich: In Richtung auf den Ort hin (*r*); die Stelle ist im Wb (V, 434, 3) fälschlich unter *db*: Horn aufgenommen.

26 *mrw* (Wb II, 109, 6).

27 So C, S ab *nṯrw* weitgehend verderbt, *mrwt*: Liebe statt *mrw*: Wüste und *m hrw pn*: an diesem Tag statt *m hꜣw*: in der Nähe.

28 Edel/Wenig, Die Jahreszeitenreliefs aus dem Sonnenheiligtum des Königs Ne-User-Re, Textbeilage zum Tafelband, Berlin, 1974, 10. Für die Zweiteilung des Jahres vgl. Sethe, Die Zeitrechnung der alten Ägypter im Verhältnis zu der der anderen Völker, NAWG, 1920, 43-9.

29 Edel, Zu den Inschriften auf den Jahreszeitenreliefs der "Weltkammer" aus dem Sonnenheiligtum des Niuserre, II. Teil, NAWG 1963, 184 mit einer Tabelle. Vgl. auch für die *šmw*-Zeit Edel, NAWG 1961, 245 ("Die Wüste nimmt die Jungen von jeglichem Wild an sich") mit Abb. 12 nach S. 248.

wird, an diesem Tag beginnt Horus, die geflügelte Sonnenscheibe, seinen Siegeszug nach Ägypten[30].

c) Die Herbst-Tagundnachtgleiche

Der Text:

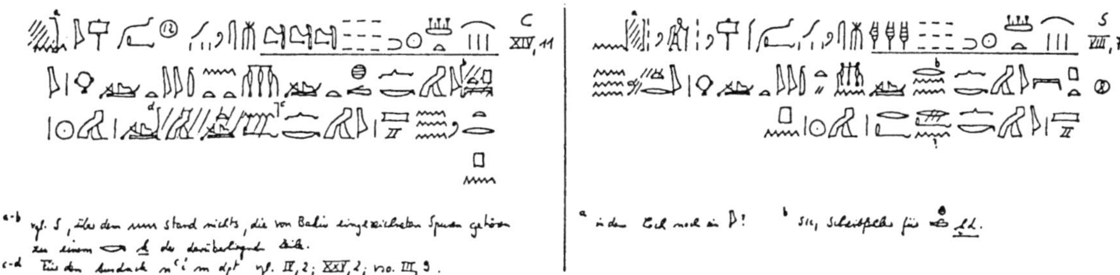

Übersetzung:

"3. Monat der Überschwemmungszeit, Tag 19:

C: Gefährlich! Gefährlich! Gefährlich!

S: Ungewiß! Ungewiß! Ungewiß!

C/S: Geburt der großen[31] Stürme durch den Himmel. Du sollst weder nach Norden noch nach Süden fahren auf dem Fluß. Du sollst in keinem Schiff fahren an diesem Tag[32]."

Am III. *ꜣḫt* 19 ist das Herbstäquinoktium zu erwarten. Hierauf bezieht sich das Verbot, weder nach Norden noch nach Süden zu fahren, das einzige dieser Art im Kalender. Man soll sich genauso wie die Sonne verhalten, die sich an diesem Tag exakt in der Mitte zwischen ihrem nördlichsten und südlichsten Punkt ihrer scheinbaren Himmelsbahn befindet. Der Tag ist schlecht bewertet, weil sich die Sonne von nun an im "negativen" Bereich ihrer Bahn bewegen wird, bis sie ein halbes Jahr später am I. *šmw* 19 wieder in den "positiven" Bereich, d.h. nach Norden in Richtung Ägypten hinüberwechseln wird. Über die Entstehung von Stürmen[33], die am Herbstäquinoktium die Schiffahrt gefährden, ist aus anderen Texten nichts bekannt.

d) Die Frühjahrs-Tagundnachtgleiche

Der Text:

30 Kurth in: RdE 34, 1982-3, 72 und 74, der eine Einrichtung des Festes im NR vermutet.

31 Nur in S.

32 Der letzte Satz in S ziemlich verderbt.

33 Vgl. u.U. die Sethbezeichnung *ḏꜥ*: Sturmwind, Zandee, ZÄS 90, 1963, 151.

Übersetzung:
"(1. Monat der Erntezeit), Tag 19:
Gut! Gut! Gut!
Jener Tag der Berechnungen vor < ? >[34] durch Thoth und <Chenti>irti[35]. Die Maat hört diese Große[36]. Alle Götter feiern ein großes Fest."

Der Text ist weniger eindeutig als die vorhergehenden, er spricht aber auch nicht gegen das Modell eines Sonnenjahres. Nach dem bisher Gesagtem könnte man vermuten, daß Thoth die Tagundnachtgleiche berechnet und das Fest deswegen stattfindet, weil jetzt die Sonne wieder in den "positiven" Bereich hinübergeht, sicher nachweisen läßt sich das jedoch nicht.

Zusammenfassend kann man sagen, daß das astronomische Jahr zu 360 Tagen, d.h. ohne Berücksichtigung der Epagomenen, schematisch in vier Teile zu je 90 Tagen geteilt wird[37]. Die Sommersonnenwende fällt auf den IV. *šmw* 19, die anderen Ereignisse finden jeweils drei Monate eher statt am I. *šmw* 19, II. *prt* 19 und III. *ꜣḫt* 19. Die Tagesbewertung richtet sich nach der Deklination der Sonne, die deren Aufgangsort nördlich oder südlich des Ostpunktes bestimmt. Ist die Deklination eindeutig positiv wie an der Sommersonnenwende, so geht die Sonne an ihrem nördlichsten Punkt auf und der Tag wird gut bewertet, bei der Wintersonnenwende ist es umgekehrt. An den Tagundnachtgleichen ist die Bewegungsrichtung der Sonne entscheidend, am Frühlingsäquinoktium ist sie positiv, also wird der Tag gut bewertet, am Herbstäquinoktium ist es gerade andersherum.

4. Das Fest des Großen Bären
Der Text[38]:

C vso XXII, 2

34 Es fehlt ein Göttername.

35 Der erste Teil des Namens wegen Zeilensprungs ausgefallen. Thoth und Chentiirti zusammen am IV. *ꜣḫt* 26, Berechnungen des Chentiirti am II. *prt* 15.

36 Das Sonnenauge?

37 Vgl. hierzu Clère, Kemi 10, 1949, 17-8. Keine Schematisierung dagegen in einem demotischen Text, siehe Parker/Zauzich in: Studies presented to Hans Jakob Polotsky, Massachuesetts, 1981, 472-9.

38 Paralleltext ist normalerweise der Kalender C1 (= Cairo Calendar, rto II, 3). Dort ist aber der Tag 14 ausgelassen bzw. am Tag 14 wurde der Text des Tages 15 eingesetzt, vgl. das Fest des Chons am Tag 14 des Kalenders C1 mit dem Kalender C3, Tag 15 (vso, XXII, 3).

Übersetzung:
"1. Monat der Überschwemmungszeit, Tag 14:
Gut! Gut! Gut!
Fest des Großen Bären. Du sollst überhaupt nichts machen an ihm."
Die Gleichsetzung von *msḫtyw* mit den sieben Wagensternen ist eine der wenigen sicheren Identifikationen altägyptischer Sternbilder. Der Große Bär gehörte damals in Ägypten zu den Zirkumpolarsternen, d.h. es gibt für jeden Stern nur zwei markante Stellungen, die obere Kulmination und die untere. Die Kulminationen sind unabhängig von der geographischen Breite, man kann wieder einen Vergleich mit dem Frühaufgang der Sothis anstellen, der genau 13 Tage vor dem Fest des Großen Bären stattfand. Der Siriusfrühaufgang fällt bei einem Beobachtungsort Memphis auf den 17. oder 18. Juli (jul.), in Theben auf den 12. oder 13. Juli[39]. D.h. zu überprüfen ist für Memphis die Nacht vom 30. auf den 31. Juli und die darauffolgende Nacht, für Theben die Nacht vom 25. auf den 26. Juli und die folgende. Die Ausrechnung[40] ergibt eine untere Kulmination von γ Ursae majoris um Mitternacht für
die Nacht vom 30. auf 31. Juli: $0^h\ 05^m$ Mitternacht: $0^h\ 00^m$
die Nacht vom 31. Juli auf den 1. August: $0^h\ 01^m$ Mitternacht: $0^h\ 01^m$.
Auch dieses Ergebnis spricht wieder klar für einen Beobachtungsort Memphis oder Heliopolis, es würde den Befürwortern eines oberägyptischen Beobachtungspunktes nichts nützen, einen anderen Stern, etwa δ Ursae majoris zu nehmen, die Kulmination, die jeden Tag ungefähr 4 Minuten früher stattfindet, fällt in keinem Fall auf die Mitternacht. Dieser Text ist ein weiteres Beispiel für die besondere Bedeutung einer Kulmination um Mitternacht, vgl. die Kapitel über das Senenmutgrab und den Bau des Edfutempels.

5. Der Bezugspunkt des Kalenders

Daß der Bezugsort des Kalenders nur Memphis/Heliopolis und nicht Theben oder gar Elephantine sein kann, dürfte schon aus dem letzten Abschnitt klar geworden sein. Den drei ägyptischen Daten lassen sich nunmehr mit hoher Sicherheit drei julianische gegenüberstellen.

IV. *šmw* 19 = Sommersonnenwende = 6. Juli SA - 7. Juli SA
Letzter Jahrestag = Frühaufgang der Sothis = 17. Juli SA - 18. Juli SA
I. *ꜣḫt* 14 = unt. Kulm. γUma um Mitternacht = 31. Juli SA - 1. August SA

Diese Entsprechungen sind richtig für das Jahr - 1313. Will man nun feststellen, welche vier Jahre zumindest der Rechnung nach als die wahrscheinlichste Tetraeteris zu gelten haben, so geht man am besten von der Sommersonnenwende aus.

39 Rechnung schon weiter oben unter 1c).
40 Rechnung ebenfalls weiter oben unter 1c).

Jahr	Sommersonnenwende (exakt)	fällt auf das jul. Datum	entspricht dem äg. Datum[41]
-1315	Juli 5.82	5. Juli	IV. *šmw* 18
-1314	Juli 6.07	6. Juli	IV. *šmw* 19
-1313	Juli 6.31	6. Juli	IV. *šmw* 19
-1312	Juli 5.55	5. Juli	IV. *šmw* 19
-1311	Juli 5.79	5. Juli	IV. *šmw* 19
-1310	Juli 6.04	6. Juli	IV. *šmw* 20
-1309	Juli 6.28	6. Juli	IV. *šmw* 20

Ähnliche Tabellen lassen sich auch für die beiden anderen Himmelsereignisse aufstellen.

Jahr	Siriusaufgang am letzten Jahrestag entspricht	Aufgang an diesem Tag entspricht ein Sehungsbogen β von bis[42]	gemeinsames β bei Tetraeterisbeginn im betreffenden Jahr
-1315	18. Juli	$9^{o}.2 < \beta < 10^{o}.1$	$9^{o}.3$ - $9^{o}.4$
-1314	18. Juli	$9^{o}.0 < \beta < 9^{o}.8$	$9^{o}.1$ - $9^{o}.2$
-1313	18. Juli	$8^{o}.8 < \beta < 9^{o}.7$	$8^{o}.9$ - $9^{o}.0$
-1312	17. Juli	$8^{o}.6 < \beta < 9^{o}.5$	$8^{o}.7$
-1311	17. Juli	$8^{o}.4 < \beta < 9^{o}.3$	
-1310	17. Juli	$8^{o}.2 < \beta < 9^{o}.1$	
-1309	17. Juli	$8^{o}.0 < \beta < 8^{o}.8$	

Jahr	unt. Kulm. γUma am I.ꜣḫt 14 entspricht Nacht von bis	Kulm.zeit	Mitternacht	Differenz
-1315	31. Juli - 1. August	0.00	0.01	1 min vor
-1314	31. Juli - 1. August	0.01	0.01	0 min
-1313	31. Juli - 1. August	0.02	0.01	1 min nach
-1312	30. Juli - 31. Juli	0.03	0.00	3 min nach
-1311	30. Juli - 31. Juli	0.05	0.00	5 min nach
-1310	30. Juli - 31. Juli	0.06	0.00	6 min nach
-1309	30. Juli - 31. Juli	0.06	0.00	6 min nach

Interpretation der Tabellen:
Sieht man von einer möglichen Beobachtungs- und einer sicheren Rechenungenauigkeit ab, so folgt aus der ersten Tabelle, daß die Tetraeteris entweder von -1314 bis -1311

41 Ohne Berücksichtigung der Epagomenen.

42 Damit keine Mißverständnisse entstehen: Der arcus visionis des Siriusaufgangs für den jeweiligen Tag entspricht natürlich dem höheren Wert. Die Ungleichung wurde nur gegeben, um zu zeigen, um wieviel niedriger der Sehungsbogen sein müßte, um den Frühaufgang schon einen Tag eher zu beobachten.

oder von -1313 bis -1310 dauerte, da zumindest im Jahr -1310 die Sommersonnenwende genausogut auf den 5. Juli und damit auf den IV. *šmw* 19 fallen konnte. Aus der zweiten Tabelle läßt sich nur entnehmen, daß der Sehungsbogen für die beiden möglichen Tetraeterien zwischen $8^o.9$ und $9^o.2$ liegen muß. Dieser arcus visionis liegt genau in der Mitte zwischen der älteren Annahme P.V. Neugebauers mit $8^o.5$[43] und der neueren mit $9^o.5$[44]. Dies Ergebnis deckt sich ferner mit den Anfangs dieses Jahrhunderts durchgeführten Beobachtungen, die zwischen $8^o.6$ und $9^o.4$ lagen bei einem Mittelwert von $9^o.0$[45]. Letztendlich ist auch Inghams Ansatz[46] nicht weit davon entfernt, der einen sich linear verändernden Sehungsbogen von 8° um -4000 bis 9° um +2000 annimmt, sein Wert läge dann in der fraglichen Zeit bei $8^o.5$, also etwas zu tief.
Die letzte Tabelle bringt auch keine Entscheidung zugunsten des einen oder anderen Jahres, die Kulmination von γ Ursae majoris stimmten sowohl -1314 wie -1313 genau oder auf eine Minute genau mit der Mitternacht überein. Somit läßt sich festhalten, daß die Tetraeteris des vierzehnten vorchristlichen Jahrhunderts der Rechenwahrscheinlichkeit nach entweder von -1314 bis -1311 dauerte oder von -1313 bis -1310.

Exkurs: Die Darstellung der Sonnenbahn im römischen Mammisi von Dendera[47]

1. Enthielte das Geburtshaus des Augustus nur einen weiteren Beleg für die altägyptische Beobachtung des Sonnenjahres, so wäre die Darstellung schon oben genannt worden. Was die Quelle heraushebt, ist die Tatsache, daß in ihr das bürgerliche Jahr auf eine ganz andere Weise zum Sonnenjahr in Beziehung gesetzt wird, als man zunächst erwarten würde. Um die Abbildung "lesen" zu können, müssen aber einige Vorbemerkungen gemacht werden. 1985 publizierten S. Cauville und D. Devauchelle eine Liste von Tagesgöttern[48], sog. Chronokraten, nachdem fünf Jahre vorher schon Yoyotte auf die übrigen Paralleltexte hingewiesen hatte[49], ohne jedoch in die Details zu gehen. Um zukünftigen Bearbeitern die Arbeit zu erleichtern, sei hier kurz das Verfahren erläutert, wie man die einzelnen Namen mit Datumsangaben verbinden kann, die Ergebnisse werden sodann in einer Übersichtstabelle zusammengestellt.
Insgesamt sind bisher sieben Listen[50] unterschiedlichen Vollständigkeitsgrades aus den Tempeln der griechisch-römischen Zeit bekanntgeworden.

43 NTAC III, Anhang, Tafel 28a. 44 NAC, II, Tafel E 64.

45 L.Borchardt/P.V.Neugebauer in OLZ 30, 1927, 445-6.

46 JEA 55, 1969, 39.

47 Zu diesem Thema wurde jetzt eine Magisterarbeit angekündigt: Neujahrsanrufungen in den Mammisi von Edfu und Dendera und der jährliche Sonnenlauf, S. Hahn, Heidelberg; Quelle: Informationsblatt der deutschsprachigen Ägyptologie, Heft 39.1, Januar 1990, S. 21.

48 Le Temple d'Edfou, Tome XV, 45-62 mit pl. 42-5.

49 In BSFE 87-8, 1980, 46-75, besonders ab S. 59.

50 Eine achte aus dem NR existiert für die ersten 50 Tage: Bakir, The Cairo Calendar, Cairo, 1966, die parallelen Kalender C1 (= rto I-II) und C3 (= vso XXI-XXIV).

Konkordanz der Tagesgötterlisten

Datum \ Text	1. KO	2. E III	3. E XV	4. D I/II	5. D VII[6]	6. DM	7. DM
1.-10.1.		294,1° +	45	I,120,1° +	57,37° +	119,1 +	[7]
11.-20.1.		295,11° +	45	I,120,21°+	56,19° +	120,21 +	176,(39-40)-
21.-30.1.		295,21° +	46	I,120,41° +	56,1° +	121,(104-5)-	176,(19-20)-
1.-10.2.		292,1° +	46	I,121,61° +	55,37° +	121,(84-5)-	198,(59-60)-
11.-20.2.	701	292,11° +		I,121,11° +	55,19° +	121,(63-4)-	198,(39-40)-
21.-30.2.	701	292,21° +	46	I,154,(9-10°)-[4]	54,1° +	120,(43-4)-	198,(19-20)-
1.-10.3.	701	310,1° +		I,152,1° +	60,47° +	120,(22-3)-	/
11.-20.3.		310,11° +	46	I,152,21° +	60,25° +	120,(2-3)-	/
21.-30.3.		310,21° +	46	I,153,41° +	59,3° +	/	/
1.-10.4.		312,1° +		II,29,1° +	59,47° +	/	/
11.-20.4.		313,11° +		II,29,21° +	58,25° +	/	/
21.-30.4.	702	313,21° +		II,30,41° +	58,3° +	/	/
1.-10.5.	702	299,1° +	47	II,30,61° +	63,41° +	/	/
11.-20.5.	702	299,11° +	47	II,31,17° +	63,21° +	/	/
21.-30.5.		300,21° +	48	II,61,15° +[5]	63,1° +	/	/
1.-10.6.		297,1° +	49	II,59,1° +	62,41° +	/	/
11.-20.6.		297,11° +	49	II,59,21° +	62,21° +	/	/
21.-30.6.		297,21° +	50	II,60,41° +	61,1° +	/	/
1.-10.7.	703	315,1° +	51	/	95,25° +	140,3 +	/
11.-20.7.	703	315,11° +	51	/	95,13° +	141,23 +	/
21.-30.7.	703	316,21° +	52	/	94,1° +	142,(105-6)-	/
1.-10.8.		318,1° +	53	/	94,25° +	142,(85-6)-	/
11.-20.8.		318,11° +	53	/	93,13° +	142,(61-2)-	/
21.-30.8.		318,21° +[1]	54	/	93,1° +	141,(41-2)-	/
1.-10.9.	704	304,1° +	55	/	99,65° +	141,(20-1)-	/
11.-20.9.	704	304,11° +	55	/	98,37° +	/	/
21.-30.9.	704	305,21° +[2]	56	/	98,9° +	/	/
1.-10.10.		302,1° +	57	/	97,65° +	/	/
11.-20.10.		302,11° +	57	/	96,37° +	/	/
21.-30.10.		302,21° +[3]	58	/	96,9° +	/	/
1.-10.11.		321,1° +	59	/	102,41° +	/	/
11.-20.11.		321,11° +	59	/	102,21° +	/	/
21.-30.11.		321,21° +	60	/	101,1° +	/	/
1.-10.12.		323,1° +	61	/	101,40° +	/	/
11.-20.12.		324,11° +	61	/	100,20° +	/	/
21.-30.12.	705	324,21° +	62	/	100,1° +	/	/
Epagomene	705	324,31° +	/	/	/	/	/

1. Kom Ombo:jeweils L1 vor L2
2. Edfou III: L2
3. Edfou XV: L1("dêesses");L3("dieux")
4. Denderah I+II: L4 vor L1
5. Denderah VII: L4 vor L1
6. Denderah Mammisis:L4 vor L1
7. Denderah,Mammisis: L4 vor L1

1. IV.prt 30. fehlt.
2. I.šmw 30 fehlt.
3. II.šmw 30 fehlt.
4. 16.2.=I,155,19°(L4);20°(L1);26.2.=I,154,69°(L4),70°(L1); 30.2.=I,153,61°(L4),62°(L1).
5. 16.5.=II,61,25°(L4),26°(L1);29.5.=II,60,63°(L4),64°(L1).
6. 10.1.=60,45°;20.1.=60,23°;30.1.=59,1°;10.2.=58,45°;20.2=58,23°; 30.2.=58,1°;7.7.=99,(63°-64°)-;17.7.=98,(35°-36°)-;27.7.=98,(7°-8°)-;7.8.=97,(63°-64°)-;17.8.=96,(35°-36°)-;27.8.=96,(7°-8°)-.
7. 6.1.=176,49-50.

1. Kom Ombo, 701-5: ursprünglich vollständig.
2. Edfou III, 290-327: alle 12 Monate.
3. Edfou XV, 45-62: alle 12 Monate.
4. Dendara I, 119-122: I. *ꜣḫt* 1 - II. *ꜣḫt* 15
   151-155: II. *ꜣḫt* 16 - III. *ꜣḫt* 30
   II, 29-31: IV. *ꜣḫt* 1 - I. *prt* 15
   59-61: I. *prt* 16 - II. *prt* 30.
5. Dendara VII, Tafel 628-35: alle 12 Monate.
6. Dendara, Mammisis, 119-21: I. *ꜣḫt* 1 - III. *ꜣḫt* 11
   140-2: III. *prt* 1 - I. *šmw* 10.
7. Dendara, Mammisis, 176: I. *ꜣḫt*
   197-8: II. *ꜣḫt*.

Als Beispiel für die Konkordanz sei der I. *prt* 11 gewählt. Ausgangspunkt ist die Kom-Ombo-Liste, die als einzige Datumsangaben enthält.

- I. *prt* 11 (K.O. 702), Eintrag der Liste L1: *Wn-bꜣw.s*; L2: *Nbt grg*
- Edfou XV, 47: L1: *Wn-bꜣw.s*; L3: *Ḥr-nb-ḳbḥw*
- Edfou III, 299, 14 (links): L2: Hathor, die Herrin von Dendera *Nbt grg*
- Denderah II, 31, 18°: L1: *Wn-bꜣw.s*; 17°: L4: *Wꜣḏt*
- Denderah VII, 63, 22°: L1: *Wn-bꜣw.s*; 21°: L4: *Mḫyt*[51]

Mit Hilfe der Kom-Ombo-Liste lassen sich genügend Übereinstimmungen herstellen, um auch alle anderen Listen mit den dazugehörigen Daten zu versehen. In der beigefügten Tabelle sind jeweils die Anfangstage einer Dekade genannt; da meist zwei Listen parallel vorhanden sind, wird angegeben, welche jeweils vorsteht, ein + bedeutet: die Liste setzt sich in der Reihenfolge der Publikation fort, ein - bedeutet: die Reihenfolge in der Publikation ist genau umgekehrt, d.h. die Liste ist von hinten zu lesen. Ein leeres Feld bedeutet: heute zerstört, ein /: auch ursprünglich nicht vorhanden.

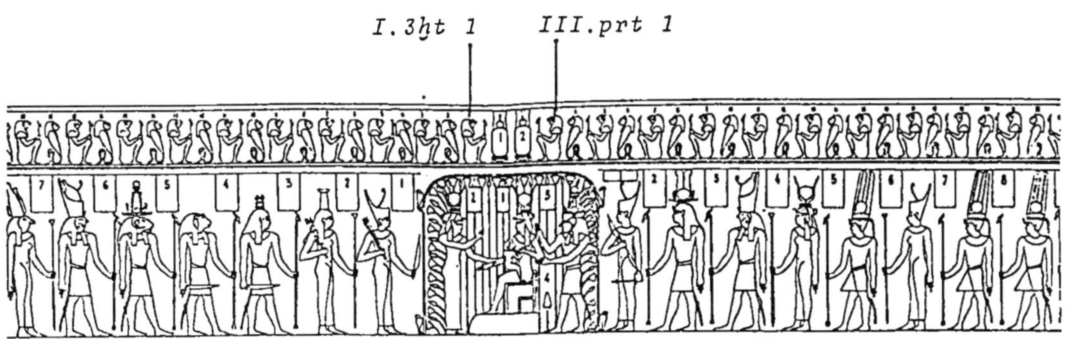

Abb. nach Daumas, Les Mammisis de Dendara, pl. LXI bis.

51 D VII und D I/II gehören nach Ausweis der übrigen Texte zusammen.

Diese Tagesgötterlisten konnten dazu dienen, gewisse Darstellungen auf eine bestimmte Art und Weise mit kalendarischen Informationen zu versehen, am deutlichsten wird dies im Sanktuar des römischen Mammisis in Dendera. Die Chronokraten sind in der Abbildung der Westwand eindeutig auf die darunterliegende Szene hin ausgerichtet, die die Geburt des Horusknaben im Papyrusdickicht von Chemmis zum Inhalt hat.

Identifiziert man die Götter mit Hilfe der Paralleltexte, so stellt man fest, daß links von der Darstellung das Paar des I. *ꜣḫt* 1 sitzt, das nächste gehört zum I. *ꜣḫt* 2 usw.. Auf der rechten Seite über dem Gott Thoth sitzt das Paar des III. *prt* 1, dann folgt der III. *prt* 2 usw.. Schematisch stellt sich das Ganze wie in beigefügter Skizze dar. Ob aus

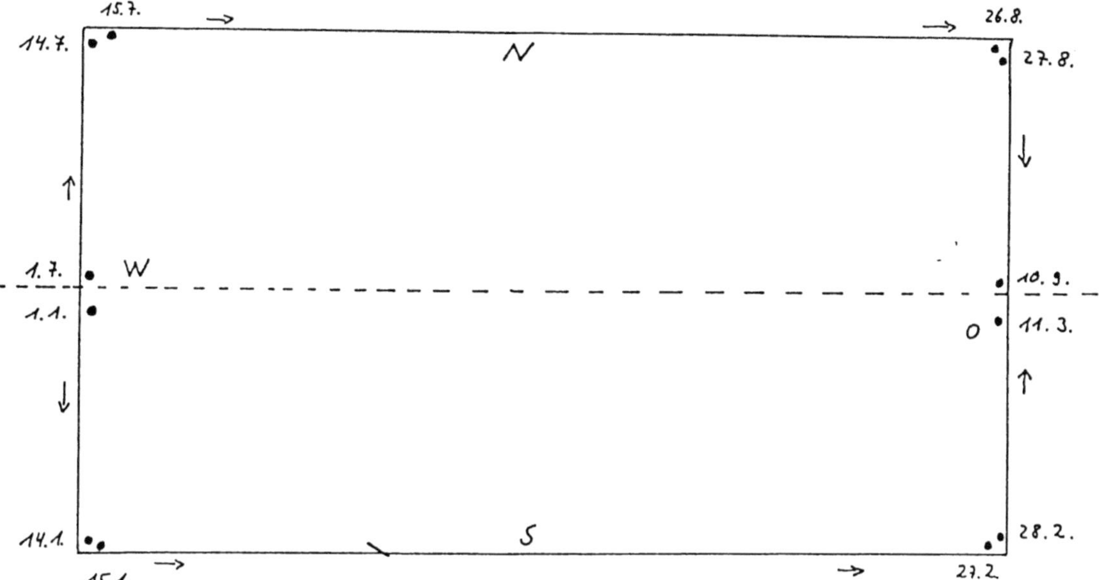

Platzgründen oder aus Absicht nur jeweils 70 Tage[52] Berücksichtigung fanden, sei hier dahingestellt, wichtig ist nur ihre Verteilung. Alle Tagesgötter der ersten Jahreshälfte befinden sich im südlichen Teil des Sanktuars, alle der zweiten Jahreshälfte im nördlichen. Der jeweils erste Tag steht über der Geburtsszene. M.E. wollte man dadurch folgendes ausdrücken. Das Kind bezeichnet den jugendlichen Sonnengott, dessen Geburt zweimal,

52 Man denkt im astronomischen Kontext fast automatisch an die Unsichtbarkeitsdauer der Sothis und die damit verbundene Symbolik.

am I. *ꜣḫt* 1 und am III. *prt* 1 erfolgt[53]. Auf den Anfang eines idealisierten bürgerlichen Jahres kann nicht nur der Sothisaufgang fallen, sondern auch die Sommersonnenwende[54]. Ist diese Überlegung richtig, so fällt auf den III. *prt* 1 die Wintersonnenwende[55]. An diesem Tag ist die Kraft der Sonne aus ägyptischer Sicht am geringsten; den Tag dann als die Geburt des Sonnengottes anzusehen, ist leicht verständlich, auch Plutarch und Macrobius berichten noch darüber[56]. Danach nimmt die Kraft der Sonne jeden Tag zu, sie wandert ein halbes Jahr in nördlicher Richtung, deswegen sind alle Tage der zweiten Jahreshälfte im nördlichen Teil des Sanktuars untergebracht. Nach Ablauf dieses halben Jahres, von der Sommersonnenwende an, ändert sich die Richtung, aus diesem Grund befinden sich alle Tage der ersten Jahreshälfte in der südlichen Sanktuarhälfte. Bleibt nur noch der zweite Geburtstermin I. *ꜣḫt* 1 zu erklären, der mit der Sommersonnenwende zusammenfällt. Sethe[57] hatte sich seinerzeit - wohl zu Recht - gegen die Vorstellung gewandt, die Geburt des Sonnengottes erfolge am Sommersolstitium. Gerade zu diesem Zeitpunkt hätte er seine stärkste Position erreicht, ein Vergleich mit einem Menschenalter könne nie und nimmer zu der eines kleinen Kindes führen. Die Erklärung wird darin liegen, daß die Ägypter an dem Punkt, von dem an die Bewegung der Sonne in die negative, d.h. sich von Ägypten abwendende Richtung führt, das System wechseln. Wird vorher das Leben des Sonnengottes mit dem Sonnenjahr verglichen, so geht man ab der Sommersonnenwende dazu über, sein Leben mit dem bürgerlichen Jahr gleichzusetzen. Dies führt zu einer Geburt am I. *ꜣḫt* 1, während er in den letzten Tagen des Jahres als alt und schwach angesehen wird[58].

53 Hierzu ist u.U. das große Fest in Esna am 1. Phamenoth (III. *prt* 1) zu vergleichen. Sauneron, Esna V, Le Caire, 1962, 185 wundert sich darüber, daß an diesem Tag in Esna fast die gleichen Riten abliefen wie in Edfu am Neujahrstag (I. *ꜣḫt* 1), nämlich die Vereinigung mit der Sonnenscheibe (*ḫnm itn*) und die Geburt des Königs auf der Töpferscheibe. Vor dem Hintergrund der hier entwickelten Theorie sind die beiden unterschiedlichen Geburtstermine, die genau ein halbes Jahr auseinanderliegen, gut verständlich.

54 Siehe dazu Kapitel III über *wpt-rnpt*.

55 Vgl. für dieses Datum auch weiter unten im Kapitel X über die Monddaten Thutmosis III. den Abschnitt über die Tempelgründung in Karnak.

56 J.G. Griffith, Plutarch's De Iside et Osiride, University of Wales, 1970, 221 und 530, Anm. 2 mit weiterer Literatur. Vgl. auch Kurth in RdE 43, 1982-3, 72.

57 Die Zeitrechnung der alten Ägypter im Verhältnis zu der der anderen Völker, NAWG 1920, 37f.

58 Vgl. die Rebellion gegen den Sonnengott im 363. Regierungsjahr (= dem 363. Jahrestag), Derchain, CdE 53, 1978, 48f; Kurth, RdE 34, 1982-3, 71f.

III. Der Monatsname *wpt-rnpt*

1. Die Monatsliste auf der Rückseite des Kairiner Tagewählkalenders (vso XIV)

Text:

Verso XIV

Dieser Text liefert den entscheidenden Hinweis für die Bedeutung des Monatsnamens *wpt- rnpt*, die Übersetzung lautet wie folgt:

"1. Monat der Überschwemmungszeit: Tagesstunden 16, Nachtstunden 8.

2. Monat der Überschwemmungszeit: " 14, " 10, Paophi.

3. Monat der Überschwemmungszeit: " 12, " 12, Hathor.

4. Monat der Überschwemmungszeit: " 10, " 14, Choiak[1].

1 Für die Schreibung vgl. Černý, ASAE 43, 1943, 174.

1. Monat der Saatzeit: " 8, " 16, Tybi[2].
2. Monat der Saatzeit: " 6, " 18, Mechir.
3. Monat der Saatzeit: " 8, " 16, Phamenoth.
4. Monat der Saatzeit: Tagesstunden 10, Nachtstunden 14, Pharmuthi.
1. Monat der Erntezeit: " 12, " 12, Pachons.
2. Monat der Erntezeit: " 12[3], " /, Payni.
3. Monat der Erntezeit: " 16, " 8, Epiphi.
4. Monat der Erntezeit: " 18, " 6, *Wpt-rnpt*."

Nicht geklärt werden kann hier das extreme Verhältnis der Tag- und Nachtstunden von 3 : 1 bzw. 1 : 3, das der astronomischen Wirklichkeit nicht entspricht[4].

2. Vergleich mit dem Eberskalender

Text:

2 Vgl. Černý, ASAE 43, 1943, 173-81.

3 Lies 14.

4 Für eine (nicht befriedigende) Teilerklärung siehe Neugebauer/Parker, EAT I, 120. Ein ähnlicher Text, aber mit korrekter Stundeneinteilung wurde von Clère in Kemi 10, 1949, 7 - 21 (Text II-III) veröffentlicht.

Der vorliegende Text besitzt eine große Ähnlichkeit mit dem Eberskalender[5], in der Hauptsache gibt es nur zwei Unterschiede. Der Eberskalender ist geordnet nach einem Jahr, dessen erster Monat *wpt-rnpt* heißt, den Monaten dieses Jahres sind die Monate des bürgerlichen Kalenders zugeordnet. Im Kairiner Kalender ist es umgekehrt, er beginnt mit dem ersten Monat des bürgerlichen Kalenders, jeweils gegenüber stehen Monatsnamen, die im wesentlichen denen des Eberskalenders gleichen. Desweiteren enthält der Kairiner Papyrus die Tag- und Nachtstunden für die einzelnen Monate, diese Angaben fehlen im Papyrus Ebers.

3. Sonnenjahr und bürgerliches Jahr in den beiden Kalendern

a) Der andere Kalender soll nach den meisten Interpretationen Mondmonate enthalten; als Erklärung für die Tatsache, daß ein Monat entgegen der astronomischen Wirklichkeit immer 30 Tage hat, wird vorgebracht, daß es sich eben um schematisierte Mondmonate handele[6]. *Wpt-rnpt* sei der letzte Monat des Jahres, einige sehen in ihm einen Schaltmonat[7].

Diese Deutung wird auch durch oftmaliges Wiederholen nicht überzeugender, Gardiners klare Ablehnung besteht nach wie vor zu Recht[8]. Schematisierte Mondmonate[9] haben mit dem Mond nichts mehr zu tun, sondern dienen anderen Zwecken. Welchen, läßt sich dem Kairiner Kalender entnehmen. Dort ist *wpt-rnpt* der Monat mit den meisten Tages- und den wenigsten Nachtstunden, d.h. in ihm fand die Sommersonnenwende statt. Da man wegen der konstanten 30 Tage pro Monat einen Mondkalender nicht annehmen kann, ein unabhängiges Sothisjahr in anderen Quellen nicht nachweisbar ist[10], der bürgerliche Kalender schon genannt ist, bleibt eigentlich nur das übrig, was die unterschiedlichen Tag- und Nachtstundenzahlen schon nahelegen, nämlich ein Sonnenjahr, das mit der Sommersonnenwende beginnt.

5 Die meiste Literatur zum Eberskalender weiter unten in Anm. 24. Photo bei L. Borchardt, Die Mittel zur zeitlichen Festlegung von Punkten der ägyptischen Geschichte und ihre Anwendung, Kairo, 1935, Blatt 1 nach S. 20. Die Besprechung der umfangreichen Fachliteratur erfolgt im letzten Abschnitt.

6 Parker, Calendars, §§ 193ff; Krauss, Sothis- und Monddaten, 105, auch v. Beckerath, Saeculum 37, 1986, 6 und OLZ 84, 1989, 404.

7 Zuletzt: Krauss, Sothis- und Monddaten, 105.

8 In RdE 10, 1955, 24:"I myself am puzzled to understand why, if the Ebers Calendar really represents a comparison between the merely postulated lunar year and the civil calendar,the intervals between the months are not of alternating lengths as in the Illahun papyrus, and why the number of months named is not thirteen so as to include the intercalary month."

9 So noch einmal Parker in seiner Antwort auf Gardiner, RdE 11, 1957, 97.

10 Vgl. Parker, Calendars, § 194.

b) Schon Ed. Meyer[11] hatte einen ähnlichen Gedanken, als er zur Erklärung der Tatsache, daß der Monatsname Mesore (= *wpt-rnpt*) der letzte Monat ist, darauf verwies, daß die Sommersonnenwende ursprünglich in den ersten Monat fiel, idealisiert wären Sommersolstitium, Sothisaufgang und I. *ꜣḫt* 1 auf einen Tag gefallen. Im Laufe der Jahrhunderte wäre die Sommersonnenwende gegenüber dem idealisierten bürgerlichen Jahr (I. *ꜣḫt* 1 = Sothisaufgang) in den letzten Monat des Jahres gewandert. Irgendwann seien dann die Monatsnamen den veränderten astronomischen Verhältnissen angepaßt worden, sämtliche Monatsfeste und die aus ihnen hervorgegangenen Monatsnamen seien um einen Monat verschoben worden, z. Zt. des NR hätte man mit einem älteren und einem jüngeren System zu rechnen. Sethe[12] konnte wenige Zeit später leicht nachweisen, daß sich die Monatsfeste mitnichten um einen Monat verschoben hatten, seit dieser Zeit gilt die These von Ed. Meyer als widerlegt[13]. Sämtliche Gegenargumente[14] gehen wie auch Ed. Meyer davon aus, daß sich zugleich mit den Monatsnamen auch die Monatsfeste verschieben müßten, eine Forderung, die aber die Logik nicht unbedingt verlangt.

c) Die Widersprüche lösen sich, wenn man annimmt, daß sich sämtliche Feste nach dem bürgerlichen Kalender richten und nur die Monatsnamen auf das andere System "Sonnenjahr" übertragen wurden. Diese Position sei am Beispiel des Erntefestes Renenutet erläutert. Parker nennt als erstes Gegenargument[15]:

"1. The feast of Renutet never moves to IIII. prt 1 as required by theory."

Genau das verlangt die Theorie eines Sonnenjahres gar nicht. Die Theorie fordert lediglich, daß das Fest am ersten Tag des 9. Monats stattfindet bzw. daß der nach diesem Fest benannte Monat der 9. ist. Dabei hat man streng zu berücksichtigen, in welchem System man sich gerade bewegt. Wird ein Festdatum mit Hilfe des bürgerlichen Kalenders ausgedrückt, dann muß das Erntefest Renenutet auf den I. *šmw* 1 fallen. Taucht dagegen der Monatsname Renenutet auf wie im Eberskalender oder im Kairiner Kalender, dann muß dieser der 9. sein, was er auch ist, wenn man das Jahr mit *wpt-rnpt* anfangen läßt[16]. Dieser 9. Monat innerhalb des Sonnenjahres entspricht ab dem NR dem 8. Monat des idealisierten bürgerlichen Jahres (Sothisaufgang bestimmt den Neujahrstag), deswegen heißt der 8. Monat in griechisch/koptischer Zeit Φαρμουθι/ⲡⲁⲣⲙⲟⲩⲧⲉ .

Die gleiche Forderung, nämlich im System zu bleiben, gilt auch für die Behandlung des Monatsnamens *wpt-rnpt*. Unbestritten kann *wpt-rnpt* dem letzten Monat des bürgerlichen Jahres entsprechen, innerhalb seines eigenen Systems hat aber *wpt-rnpt*:

11 Nachträge zur ägyptischen Chronologie, SPAW 1908, 3-18.

12 Die Zeitrechnung der alten Ägypter im Verhältnis zu der der anderen Völker, NAWG 1920, 32-5.

13 Vgl. Parker, Calendars, § 284ff.

14 Zusammenfassung bei Parker, Calendars, § 286.

15 Calendars, § 286, 1.

16 Das gleiche gilt auch für den Kalender im Grab des Senenmut (EAT I, Tafel 24) und den des Ramesseums (EAT III, Tafel 5).

"Eröffnung des Jahres" an der Spitze des Jahres zu stehen, sei es nun ein Mondjahr oder ein Sonnenjahr.

4. Der Terminus *wpt-rnpt sn-nw*

Da es zwei verschiedene Kalender gab, existierten auch zwei verschiedene Jahresanfänge (*wpt-rnpt*). Das zweite *wpt-rnpt* fiel nach dem Tagewählkalender C1 (rto I,2) auf den I. *ꜣḫt* 1. Parker schreibt zu dieser Stelle folgendes[17]: "In the light of our theory the situation is crystal-clear. The rising of Sothis would be *wp rnpt tpy, and the application of wp rnpt to the first day of the civil year would be secondary and correctly designated sn-nw." Mir scheint die Situation ebenfalls kristallklar zu sein, allerdings in einer ganz anderen Richtung. Zunächst ist zu Parkers Vorschlag zu sagen, daß die Tagewählkalender immerwährende Kalender waren und keine, die jedes Jahr neu erstellt wurden (Argument: Abschriften). D.h. man hat mit einem idealisierten bürgerlichen Kalender zu rechnen, bei dem der durch den Sothisaufgang angekündigte Neujahrstag auf den I. *ꜣḫt* 1 fällt. Nach Parker hätte man dann für ein- und denselben Tag zwei verschiedene *wpt-rnpt* anzusetzen, was mir nicht möglich erscheint; die Angabe *wpt-rnpt sn-nw* befindet sich direkt hinter dem Datum, bezieht sich also auf den ganzen Tag und nicht auf irgendwelche Einzelereignisse. Nach meiner Theorie dagegen fiel das **wpt-rnpt tpyt* auf die Sommersonnenwende, die 12 Tage vor dem Neujahrstag am IV. *šmw* 19 stattfand[19]. Der I. *ꜣḫt* 1 als Beginn des bürgerlichen Jahres wird dann ganz folgerichtig als *wpt-rnpt sn-nw* bezeichnet.

5. Der Eberskalender

Vermutet wird nach dem bisher Gesagtem, daß im Eberskalender das Sommersolstitium auf den III. *šmw* 1 fällt und der Sothisaufgang auf den III. *šmw* 9. Die in Frage kommenden Jahre lassen sich am besten aus zwei Tabellen[20] ablesen.

17 Calendars, S. 75, Anm. 37.

18 Vgl. das Kapitel über die Tagewählkalender.

19 Vgl. nochmals das Kapitel über die Tagewählkalender. Eine weitere wichtige Stütze für dieses Datum ist die Tatsache, daß das Thothfest ab dem NR am I. *ꜣḫt* 19 stattfand, also exakt einen Monat später. Auf den I. *ꜣḫt* 19 muß nach meiner Theorie der Beginn des 2. Monats des Sonnenjahres fallen, dessen Monatsname *Tḫy* ist. *Tḫy* entspricht später dem Monatsnamen Thoth (vgl. Altenmüller in LÄ II, 173 s.v. Feste). *Tḫy* bedeutet wahrscheinlich nicht "Trunkenheit", sondern "(Monat dessen,) der zum Lot gehört", ein Beiname des Thoth, vgl. Gardiner, RdE 10, 1955, 25 mit Anm. 4; ein Epitheton, das gleichzeitig noch ein Wortspiel mit *tḫn*: Ibis ergibt.

20 Rechnung nach NTAC III, § 22 und NAC I, § 18.

Jahr	Datum Sommersolstitium	entspricht äg. Datum
-1536	Juli 7.36	II. *šmw* 30
-1535	Juli 7.60	II. *šmw* 30
-1534	Juli 7.84	II. *šmw* 30
-1533	Juli 8.08	III. *šmw* 1
-1532	Juli 7.32	III. *šmw* 1
-1531	Juli 7.57	III. *šmw* 1
-1530	Juli 7.81	III. *šmw* 1
-1529	Juli 8.05	III. *šmw* 2

Jahr	Sothisaufgang am III. *šmw* 9 entspricht dem Morgen des	entspricht einem Sehungsbogen β von bis
-1536	17. Juli	$8^o.8 < \beta < 9^o.6$
-1535	17. Juli	$8^o.6 < \beta < 9^o.4$
-1534	17. Juli	$8^o.4 < \beta < 9^o.2$
-1533	17. Juli	$8^o.2 < \beta < 9^o.0$
-1532	16. Juli	$8^o.0 < \beta < 8^o.8$
-1531	16. Juli	$7^o.8 < \beta < 8^o.6$
-1530	16. Juli	$7^o.6 < \beta < 8^o.4$
-1529	16. Juli	$7^o.4 < \beta < 8^o.2$

Interpretation der Tabellen:
Für das Solstitium kommen insgesamt 5 Jahre in Frage, angefangen von -1533 bis -1529, die Wahrscheinlichkeit, daß -1533 und -1529 die Sommersonnenwende auf den 7. oder den 8. Juli (jul.) fällt, ist gleich hoch. Nimmt man aber an, daß im Eberskalender das erste der vier Jahre festgehalten ist, an dem das Solstitium auf den III. *šmw* 1 fällt, so bleiben nur noch die Jahre -1533 und -1532 übrig. In diesen beiden Jahren fällt der Sothisaufgang nur dann noch auf den III. *šmw* 9, wenn der Sehungsbogen höchstens $9^o.0$ bzw. $8^o.8$ beträgt, aus diesem Grund dürften auch die drei folgenden Jahre ausscheiden, bei denen der anzunehmende Sehungsbogen zu gering ist[21]. Insgesamt dürfte -1533 der <u>Rechenwahrscheinlichkeit</u> nach <u>geringfügig</u> vorzuziehen sein[22].

21 Vgl. hierzu nochmal die abschließenden Rechnungen im Kapitel über die Tagewählkalender.

22 Immer vorausgesetzt freilich, daß es mit der Berücksichtigung der Epagomenen bei der Umsetzung eines julianischen Datums in ein ägyptisches Datum auch <u>im Eberskalender</u> seine Richtigkeit hat, vgl. hierzu unbedingt die Schlußbemerkungen im Kapitel XII.

Bleiben als letztes Problem die Punkte unter dem Ausdruck *prt Spdt*. Ähnliche Punkte unter den Jahreszeiten haben mit Sicherheit die Bedeutung "Wiederholungsstriche", deswegen ist es sehr suggestiv, dies auch für die Punkte unter *prt Spdt* anzunehmen. Während das aber z.B. beim Begriff *ꜣḫt*: Überschwemmungszeit sinnvoll ist, da es außer dem Monat I. *ꜣḫt* auch noch drei andere gibt, kann man ähnliches bei *prt Spdt* nicht annehmen, der Frühaufgang der Sothis fand nur einmal im Jahr statt. Verfolgt man diesen Gedanken konsequent weiter, so müßten die elf Punkte für etwas stehen, was auch noch elfmal vorkommt. Das einzige, was dann m.E. in Frage kommt, wären die 11 Monatsnamen *Tḫy* bis *Ipt.ḥmt(.s)*, sodaß ich für den Eberskalender folgende Schlußinterpretation vorschlagen würde:
Ziel des Verfassers war es, eine Umrechnungstabelle von dem üblichen bürgerlichen Wandeljahr in ein astronomisches Fixjahr zu geben. Für ein solches Fixjahr gibt es zwei mögliche Anfangspunkte, die ursprünglich einmal auf einen Termin fielen, die Sommersonnenwende[23] und der Sothisaufgang[24]. Im Eberskalender werden beide berücksichtigt. Auf der rechten Seite (im Hieratischen) stehen die Monatsnamen des Sonnenjahres, der erste Monat heißt *wpt-rnpt*, er ist zur Gänze identisch mit dem bürgerlichen Monat III. *šmw*, d.h. Sommersonnenwende am III. *šmw* 1. Der III. *šmw* wird 120 Jahre lang den Monatsnamen *wpt-rnpt* tragen, bis die Sommersonnenwende auf den IV. *šmw* 1 fällt. Auf der linken Seite steht der Kalender mit dem Anfangspunkt *prt Spdt*, er ist gegenüber dem Sonnenjahr um 9 Tage = 8 ägyptische Kalendertage verschoben, die Monatsnamen bleiben aber die gleichen mit Ausnahme des ersten, der *prt Spdt* heißt. Jeder einzelne Monat beginnt 8 Tage später, aus diesem Grund wird die Monatsangabe 9 noch elfmal wiederholt.

6. Die Literatur zum Eberskalender

In den vorigen Abschnitten war absichtlich auf die fällige Auseinandersetzung mit der

23 Vgl. hierzu auch P. Anastasi I, 3, 5 = Fischer-Elfert, Die satirische Streitschrift des Papyrus Anastasi I, Äg. Abh. 44, Wiesbaden, 1986, 36, Textzusammenstellung: KÄT, Wiesbaden, 1983, 47: "Du mögest die Sonnenscheibe am Himmel sehen, wenn sie das Jahr verkündet (*mꜣꜣ.k itn m pt wp.f rnpt*).

24 Für eine mögliche Idealisierung I. *ꜣḫt* 1 = Sommersonnenwende statt der üblichen Gleichsetzung I. *ꜣḫt* 1 = Sothisaufgang siehe den Exkurs über das römische Mammisi von Dendera am Ende des Kapitels über die Tagewählkalender.

Fachliteratur[25] verzichtet worden, um die Gedankenführung einfacher und übersichtlicher zu gestalten, sie sei hier nachgeholt. Die Forschungsgeschichte läßt sich in 6 Etappen gliedern.

(1) Der Streit um die richtige Lesung des Papyrus geht von 1870 bis zum Erscheinen einer Arbeit Ermans im Jahr 1890. Hierzu gehören auch zwei spätere Fehlinterpretationen, Borchardt (1935), zurückgewiesen von Edgerton (1937) und Long (1974), dem zwei Jahre später Parker antwortet[26].

(2) Die nächste Generation rechnet mit einem Sothisaufgang im Jahr 9, III. *šmw* 9 unter Amenophis I, beobachtet in Memphis/Heliopolis. Die Diskussion dreht sich um die Namen der ersten Spalte. 1908 baut Ed. Meyer einen Aufsatz von Gardiner (1906) aus und gelangt zu drei verschiedenen Bedeutungen von *wpt-rnpt*[27]:

(a) idealer Neujahrstag, d.h. Tag des Siriusaufgangs.

(b) erster Tag des bürgerlichen Wandeljahres.

(c) Bezeichnung des Monatsfestes Mesore "Geburt des Re" = Sommersonnenwende.

Durch das allmähliche Auseinanderfallen von Siriusaufgang und Sommersonnenwende wird der letzte Monat in einem auf den Sothisaufgang idealisierten Jahr zum Mesore, in ihm fand die Sommersonnenwende statt, deswegen kann dieser Monat, obwohl der letzte, *wpt-rnpt* lauten. Da Ed. Meyer aber von einem um rund 7 Tage falschen Datum für die Sonnenwende ausging, d.h. die Zeitdifferenz zwischen Solstitium und Siriusaufgang für den Eberspapyrus auf rund 16 Tage ansetzte, konnte er aus seinen Überlegungen

25 Die wichtigste in chronologischer Reihenfolge (für frühere Werke wurde keine Vollständigkeit angestrebt): Ed. Meyer, Aegyptische Chronologie, Berlin, 1904, 46-8; F.K. Ginzel, Handbuch der mathematischen und technischen Chronologie I, Leipzig, 1906, § 42; A.H. Gardiner, ZÄS 43, 1906, 136-144; Ed. Meyer, Nachträge zur ägyptischen Chronologie, SPAW 1908, 3-18; K. Sethe, Die Zeitrechnung der alten Ägypter im Verhältnis zu der der anderen Völker, I, NAWG 1919, 313-4, II, NAWG 1920, 32-5; Borchardt, Die Mittel zur zeitlichen Festlegung von Punkten der ägyptischen Geschichte und ihre Anwendung, Kairo, 1935, 19-29; W.F. Edgerton, AJSLL 53, 1937, 188-197; R.A. Parker, Calendars, SAOC 26, Chicago, 1950, §§ 188-219; A.H. Gardiner, RdE 10, 1955, 18-22; R.A. Parker, RdE 11, 1957, 97; E. Hornung, Untersuchungen zur Chronologie und Geschichte des Neuen Reiches, Äg. Abh. 11, Wiesbaden, 1964, 14-23, 51-2; R.D. Long, Or 43, 1974, 266-8; E.F. Wente, JNES 34, 1975, 269-272; R.A. Parker in: Fs Hughes, SAOC 39, Chicago, 1976, 185-6; F.J. Schmitz, Amenophis I, HÄB 6, Hildesheim, 1978, 27-37; W. Barta, JEOL 26, 1979-80, 26-34; ders., SAK 8, 1980, 43-7; W. Helck, GM 67, 1983, 47-9; R. Krauss, GM 70, 1984, 38; R. Krauss, Sothis- und Monddaten, HÄB 20, Hildesheim, 1985, 104-118; U. Luft, GM 92, 1986, 69-77; J.v. Beckerath, SAK 14, 1987, 27-33; W. Barta, GM 101, 1988, 7-12; U. Luft, SAK 16, 1989, 217-33.

26 In Fs Hughes, SAOC 39, Chicago, 1976, 185-6 mit der weiteren Literatur.

27 Nachträge, S. 9-10.

keine Konsequenzen für den Eberskalender ziehen[28]. Ein Jahrzehnt später wurde er von Sethe "widerlegt". Diese Ablehnung gegenüber Meyer und Gardiner wurde später von Parker bekräftigt, auch ein nochmaliger Vorstoß Gardiners (1955) konnte daran nichts ändern[29].

(3) 1935 stellte Borchardt die Theorie auf, daß es sich bei der ersten Spalte um Mondmonate handele, aus der jeweiligen Zahl 9 machte er *psḏntyw*[30]. Letzteres wurde von Edgerton (1937) korrigiert, der Rest der Theorie aber von Parker (1950) übernommen und ausgebaut, seiner Autorität sind seither alle Bearbeiter gefolgt[31]. Diese Theorie stimmt mit der astronomischen Wirklichkeit nicht überein, Mondmonate sind nicht konstant 30 Tage lang, sondern mal 29, mal 30. Diese Tatsache kann auch die Einigkeit aller Ägyptologen nicht beseitigen, Borchardts und Parkers These ist falsch; eine Gegenthese, die den astronomischen Gegebenheiten entspricht, wurde weiter oben entwickelt und braucht hier nicht nochmal wiederholt zu werden.

(4) Die nächste Phase stellt den Beobachtungsort in den Mittelpunkt der Bemühungen. Bis etwa 1950 ging man automatisch von einem Bezugsort Memphis/Heliopolis aus; da es hierfür aber keine astronomischen Argumente gab, war es nur folgerichtig, die Voraussetzung in Zweifel zu ziehen und Alternativrechnungen für Oberägypten (Theben) anzustellen. Eine Begründung konnte allerdings erst Hornung (1964) liefern, die vorherige Behauptung, Theben sei im NR wichtiger als Memphis, ist leicht umkehrbar und kann kaum als Argument bezeichnet werden. Hornung[32] ging kurzgefaßt wie folgt vor:

(a) Ein unterägyptischer Beobachtungsort ergibt ein Ebersdatum von 1544/37 v.Chr., ein thebanischer 1525/17 v.Chr. (S. 22).

Für alle Könige von Amenophis I bis Ramses II wurde die Minimal- und Maximalzahl ihrer Regierungsjahre ermittelt. In der unterägyptischen Variante ergaben sich 1335/1296 v. Chr. als Grenzwerte für die Thronbesteigung Ramses II, in der thebanischen die Jahre 1316/1276 (S. 41).

(c) Ein indirekt erschlossener Synchronismus Salmanassar I Jahr x = Ramses II Jahr 21 soll belegen, daß die Thronbesteigung Ramses II nicht vor das Jahr 1295/4 v.Chr. fallen kann (S. 51).

Aus (a-c) folge, daß Memphis als Beobachtungsort auszuscheiden habe, zumal es ja nicht nur eine Differenz von 2 Jahren sei, sondern (wegen des Monddatums Ramses II) als frühestes Thronbesteigungsdatum ohnehin erst 1290 v.Chr. in Frage komme.

28 Nachträge, S. 12. Vgl. hierzu die oben durchgeführten Rechnungen.

29 Diese Widerlegungen stellen sich als nicht stichhaltig heraus, vgl. oben Abschnitt 3 mit der dazugehörigen Literatur.

30 Mittel, S. 20.

31 Einzige Ausnahme: Luft, GM 92, 1986, 69ff, dessen weitere Schlußfolgerungen hier allerdings nicht geteilt werden, siehe weiter unten.

32 Untersuchungen zur Chronologie, Äg. Abh. 11, Wiesbaden, 1964.

Zumindest in der einen Richtung sind die Spielräume nicht korrekt, ein memphitischer Bezugsort läßt auch spätere Regierungszeiten Ramses II zu. Hornung gibt als oberste Grenze für das Ebersdatum -1536 bei einem arcus visionis β zwischen $8^o.6$ und $9^o.4$ an. Tatsächlich führt ein arcus visionis von $8^o.6$ zu einem Ebersdatum von -1531[33], also 5 Jahre früher. Bei der relativen Chronologie ist wenigstens die Bestimmung der Regierungslänge Thutmosis II zweifelhaft. Manetho gibt ihm 13 Jahre. Hornung[34] meint, es sei naheliegend, in den 13 Jahren eine Verschreibung oder nachträgliche Verlängerung von 3 Jahren zu sehen. Als äußerstes Maximum verrechnet er dann 10 Jahre. Die Bestimmung gerade dieser Grenze, 10 Jahre möglich, 13 Jahre ("überliefert" bei Manetho) unmöglich, ist mir rätselhaft, sie führt jedenfalls dazu, daß auf S. 51 ein zweijähriger Unterschied zwischen "memphitischer Lösung" und 1295/4 als frühestes Thronbesteigungsdatum Ramses II bleibt. Da man obendrein das Monddatum zu berücksichtigen habe, scheide Memphis/Heliopolis als Bezugsort für das Ebersdatum mit Sicherheit aus, Theben bleibe als einzig möglicher Beobachtungsort übrig (S. 52). Rechnet man allerdings das Sothisdatum richtig aus und macht die Trennung von 10 Jahren möglich, 13 unmöglich bei Thutmosis II nicht mit, so ist die untere Grenze bei 1288 v.Chr. für Memphis anzusetzen und 1290 v.Chr. wäre auch bei einem unterägyptischen Beobachtungsort möglich. Dies Datum ist freilich, was Hornung noch nicht wissen konnte, astronomisch recht unwahrscheinlich[35], sodaß die Entscheidung nach dieser Methode allein bei der Beurteilung des indirekt erschlossenen Synchronismus Ramses II/Salmanassar I liegt, ein nicht sonderlich verläßlicher Weg.

Zurück zum Eberskalender. Hornung konnte sich mit Theben als Beobachtungsort weitgehend durchsetzen, später hat sich dann Krauss der Richtung angeschlossen und ein ganzes Buch[36] mit dem Ziel geschrieben, Elephantine als alleinigen Bezugspunkt des ägyptischen Kalenders von der Frühzeit bis zum Ende des NR zu etablieren, eine These, die sich in wenigen Zeilen widerlegen läßt[37].

(5) Die nächste Etappe leitet Schmitz (1978) ein, der im III. *šmw* 9 den Thronbesteigungstag Amenophis I. sieht. Er schließt das aus zwei ramessidischen Festdaten des Amenophis, die den III. *šmw* 11 und 13 nennen. Nun ist zwar der III. *šmw* 11 noch immer nicht der III. *šmw* 9, aber die geringe Distanz von nur zwei Tagen lädt zur Verbesserung ein. Schmitz schreibt folgendes[38]:

33 Siehe die Tabelle weiter oben auf S. 27.

34 Untersuchungen, 32-3.

35 Siehe das Kapitel über die Monddaten Thutmosis III, Anhang: Das Monddatum aus der Zeit Ramses II.

36 Sothis- und Monddaten, HÄB 20, Hildesheim, 1985.

37 Siehe Kapitel V, Anm. 13.

38 Amenophis I, S. 29. Seine erste Möglichkeit, daß das Thronbesteigungsdatum der III. *šmw* 11 war und das Ebersdatum folglich in die letzten Tage des 9. Regierungsjahres fällt, hält er wie auch seine Nachfolger für weniger wahrscheinlich.

"Wenn es sich aber um das 9. Jahr des Herrschers handeln sollte, so stünde das Sothisdatum am Ende des 8. Jahres und man hätte, um eine Deckung des Sothisaufganges mit dem Thronfolgedatum zu erreichen, dieses ein wenig "korrigiert". Deshalb möchte ich annehmen, daß der 9. Tag des 3. *šmw*-Monats tatsächlich der Thronbesteigungstag war, der damals "zufällig" genau mit dem Sothisaufgang und dazu noch mit dem Neumond zusammenfiel."

Verhindert werden sollte anscheinend, daß kurz nach dem Sothisdatum das Regierungsjahr wechselte. Mithin gibt es drei Möglichkeiten:

A: Thronbesteigungsdatum und Sothisaufgang fallen tatsächlich zusammen auf den III. *šmw* 9.

B: Der tatsächliche Sothisaufgang lag vor dem tatsächlichen Thronbesteigungstag. Um den Jahreswechsel auszuschließen, zählte man zum tatsächlichen Sothisaufgang soviel Tage hinzu, bis die Differenz zum tatsächlichen Thronbesteigungstag 0 war. Der tatsächliche Sothisaufgang lag also sicher vor dem III. *šmw* 9, tendenziell würde dies zu einer Langchronologie führen.

C: Der tatsächliche Sothisaufgang lag nach dem tatsächlichen Thronbesteigungsdatum. In diesem Fall wäre eine Korrektur des Sothisaufgangs aus den angeführten Motiven sinnlos, da Sothisjahr und Regierungsjahr fast zur Gänze übereinstimmten. Wollte man die völlige Übereinstimmung, hätte man ein tatsächliches Sothisdatum vom III. *šmw* 9 + x auf den III. *šmw* 9 reduziert, was eine Kurzchronologie ergäbe.

D.h. Anhänger der Lösung C verbessern ein eventuelles (!) Thronbesteigungsdatum vom III. *šmw* 11 auf den III. *šmw* 9 (Argument: "Ist ja nicht weit weg."), und ein belegtes Sothisdatum vom III. *šmw* 9 auf einen späteren Termin.

Ich halte zumindest C für völlig willkürlich, bei B leuchtet mir die Notwendigkeit nicht ein (warum darf das Regierungsjahr nicht wechseln?), Möglichkeit A wird von Schmitz nicht erwogen, von Barta[39] als unwahrscheinlich bezeichnet. Krauss hat eine vierte Möglichkeit gefunden, er akzeptiert die "Korrekturidee" von Schmitz (also B oder C)[40], rechnet aber mit dem III. *šmw* 9[41], wobei es für diese Überlegung keine Rolle spielt, ob man am III. *šmw* 9 den Sothisaufgang und/oder den postulierten *psḏntyw* ansetzt[42].

39 GM 101, 1988, 8.

40 Sothis- und Monddaten, S. 116.

41 op. cit., S. 109 und 120-1.

42 Krauss, op.cit., 116 nimmt ferner an, daß die überlieferten Festdaten III. *šmw* 11 und 13 wahrscheinlich auf Termine im Mondmonat fallen und somit keine Jahrestage im bürgerlichen Jahr darstellen. Warum man dann aber von solchen Mondmonatsdaten auf den im bürgerlichen Kalender liegenden Thronbesteigungstag schließen kann, ist unverständlich.

(6) Die letzte Phase wird repräsentiert durch Helck (1983), Luft (1986) und Barta (1988), die alle die Existenz eines auf den Tag genau fixierten Sothisdatums im Eberskalender verneinen.

(a) Helck[43] übernimmt Parkers These von den Mondmonaten und denkt, daß der Papyrus Ebers angeben will, wann im 9. Jahr Amenophis I die Mondmonate innerhalb des zivilen Jahres begannen, irgendwann im ersten Mondmonat *wpt-rnpt* sei dann die Sothis aufgegangen. Da *wpt-rnpt* und die anderen Monate keine Mondmonate sind, wie hier mehrfach vertreten und begründet wurde, ist die Argumentation nicht stichhaltig.

(b) Einen anderen Weg geht Luft[44], der sich als einziger nicht auf Mondmonate beruft. Die entscheidende Passage lautet:

"....., dass zunächst 360 Tage ordentlich in 12 Monate zu 30 Tagen gegliedert worden sind, denen fünf Schalttage nach dem ägyptischen Jahresverständnis folgen sollten, die aber aus einem bemerkenswerten Grund ausgelassen worden sind. An der gegebenen Stelle im Jahr hat der Schreiber die epagomena ausgelassen, weil diese innerhalb einer Abfolge von 12 Monaten nichts zu suchen haben. Demzufolge blieben fünf Tage aus, die notwendigerweise zum Jahr gehört haben, aber nicht nach 360 Tagen gesetzt werden konnten, weil damit das Datum auf den III. **šmw** 14 gerutscht wäre. Somit kann es sich nur um das Regierungsjahr handeln, das mit dem Thronbesteigungsdatum von Amenophis I. am III. **šmw** 9 begann........Der Kompilator wollte den neunten Tag als Monatsbeginn nicht in Gefahr bringen, so wie im bürgerlichen Jahr jeder Monat mit dem ersten Tag begonnen hat."

Diese Aussage ist nicht richtig. Zum einen ist es keineswegs sicher, daß die Thronbesteigung am III. *šmw* 9 erfolgte, zum anderen gibt es kein "Regierungsjahr", bei dem der Monatsbeginn auf den jeweiligen Tag der Thronbesteigung fällt, lediglich die Jahresziffer wird an dem betreffenden Tag geändert[45]. Vor allem fehlt eine Begründung, warum die Auslassung der Epagomenen zwangsläufig zu einem "Regierungsjahr" und nichts anderem führt, ohne diese bleibt das eine bloße Behauptung; das Fehlen der Epagomenen ansich ist nicht bemerkenswert, sondern normal[46].

(c) Barta[47] setzt die Alternative, daß auf den III. *šmw* 9 entweder der Sothisaufgang oder die Thronbesteigung fällt. Aus der Trennung zwischen Jahresangabe (Überschrift) und Monats- und Tagangabe folge mit Sicherheit, daß der Kalender ein "Regierungsjahr" wiedergebe und der Eberskalender dürfe geradezu als Beweis dafür angesehen werden, daß Amenophis I. an einem III. *šmw* 9 den Thron bestiegen habe.

Abgesehen davon, daß die Thronbesteigung am III. *šmw* 9 bei weitem nicht gesichert ist, wird hier vor allem bestritten, daß die Thronbesteigung des Königs der Anordnungsmaß-

43 GM 67, 1983, 49.

44 GM 92, 1986, 69-77; Zitat auf S. 70.

45 Klar herausgestellt von v. Beckerath, SAK 14, 1987, 29-30.

46 Siehe das einleitende Kapitel.

47 GM 101, 1988, 8.

stab des Kalenders sein muß. Daß dieses Postulat haltlos ist, sieht man bei einem Vergleich mit dem ähnlichen Kalender auf der Rückseite des Kairiner Tagewählkalender (vso. XIV). Dort werden die Monate des bürgerlichen Kalenders mit den Monaten *wpt-rnpt*, *tḫy* usw. verglichen. Die Liste beginnt mit dem ersten bürgerlichen Monat (I. *ꜣḫt*). Im Eberskalender wird genau derselbe Vergleich durchgeführt, nur in umgekehrter Richtung. Der erste Monat *wpt-rnpt* entspricht dem III. *šmw*, der zweite (*tḫy*) dem IV. *šmw* usw.. Diese Entsprechungen sind abhängig von der jeweiligen Stellung des Naturjahres zum bürgerlichen Jahr, gleichgültig, ob man meiner Solar- oder Parkers Lunistellartheorie über *wpt-rnpt* folgt, die Verschiebungen betragen rund einen Monat in 120 Jahren. Sie haben jedenfalls überhaupt nichts mit der Thronbesteigung des Königs zu tun, die allein vom Todestag des jeweiligen Vorgängers abhängt. Hieraus folgt, daß die Thronbesteigung Amenophis I. irgendwann erfolgen konnte, ob sie tatsächlich auf eines der beiden ramessidisch überlieferten Festdaten (III. *šmw* 11 und 13) fiel, ist bis auf weiteres nicht erwiesen.

Fazit: Keine der angeführten Theorien über den Eberskalender ist voll überzeugend. Der bei weitem beste Ansatz stammt von Ed. Meyer aus dem Jahre 1908, der einzige Fortschritt danach war nur noch die Problematisierung des Beobachtungspunktes, der früher automatisch mit Memphis angesetzt wurde. Das stärkste Argument für meine Theorie ist die Tatsache, daß die Rechnung ohne künstliche Annahmen und vor allem ohne Textverbesserung aufgeht. Unabhängig vom Eberskalender wurde ein allgemeiner Bezugspunkt Memphis/Heliopolis für den Sothisaufgang ermittelt[48] und unabhängig vom Eberskalender wurde herausgefunden, daß der Monat *wpt-rnpt* durch die Sommersonnenwende festgelegt wurde. Diese beiden Erkenntnisse auf den Eberskalender angewendet ergeben eine Sommersonnenwende am III. *šmw* 1 und einen Sothisaufgang am III. *šmw* 9, gültig für die absoluten Jahre -1533/32 (die beiden wahrscheinlichsten Werte)[49], womit der Eberskalender die entwickelte Theorie noch einmal absichert.

48 Vgl. die Zusammenstellung aller Belege im astronomischen Schlußkapitel.

49 Siehe aber noch einmal die Schlußbemerkungen im Kapitel XII.

IV. Das Grab des Senenmut

1. Einleitung

Im Grab des Senenmut überspannt eine astronomische Darstellung die Decke des letzten Raumes[1]. Der Grabbau wurde nicht fertiggestellt, bei der astronomischen Decke sind die Vorzeichnungen teilweise erhalten geblieben. Insgesamt läßt sich hieraus einiges über den Stand der damaligen Astronomie entnehmen, vorausgesetzt, man nimmt die Zeichnung ernst und "verbessert" sie nicht mit Hilfe von Schere und Klebstoff[2].

2. Die Darstellung des nördlichen Himmels

a) Forschungsstand:

Unstreitig ist in der bisherigen Literatur folgendes: Bei dem als *msḫtyw* bezeichnetem Stier handelt es sich um das Sternbild des Großen Bären, genauer gesagt um dessen sieben Hauptsterne, dem Big Dipper des amerikanischen Englisch. Die Halbierung des hohen gleichschenkligen Dreiecks, dessen Spitze der letzte Stern des *msḫtyw* bildet, stellt den Süd-Nord-Meridian dar[3]. Weitgehende Einigkeit besteht auch in der Identifikation dieses Sterns, es handelt sich um η Ursae majoris[4]. Aus der Stellung des Stierleibes, der sich links vom Meridian befindet, kann man erschließen, daß es sich um die obere Kulmination[5] von η Ursae majoris handeln muß. Darüber hinaus gibt es eine ganze Reihe weiterer Sternidentifikationen, hauptsächlich von Pogo[6]. Bei den Namen, die über den 24-teiligen Kreisen stehen, soll es sich wie beim Papyrus Ebers um Mondmonatsnamen handeln, die darunter stehenden Figuren seien Mondmonatsgötter[7].

b) aa) Die erste Frage soll sein, ob es möglich ist, den Zeitpunkt, auf den sich die Darstellung bezieht, genauer zu bestimmen. Theoretisch läßt sich die obere Kulmination von η Ursae majoris in ungefähr 5 Monaten im Jahr beobachten, dabei verschiebt sich der Zeitpunkt pro Nacht um etwa 4 min. nach vorn. Eine ungefähre Zeitbestimmung erhält man, wenn man die Darstellung betrachtet, die die Monate *kꜣ(ḥr)kꜣ* (Choiak) und *šf-bdt* (Tybi) und die Monate *rnnwtt* (Pharmuthi) und *ḫnsw* (Pachons) voneinander trennt.

1 Die ganze Decke in EAT I, pl. 24. Strichzeichnung der südlichen Hälfte (Orion/Sothis) in EAT I, pl. 25, der nördlichen Hälfte in EAT III, pl. 1. Hier Abb. 1.

2 So Neugebauer und Parker in EAT III, S. 11, Abb. 2, die die exakte Darstellung zu einer schematischen à la Ramses II (EAT III, pl. 5) degradieren.

3 Žába, L'orientation, 50; Pogo in: Isis 14, 1930, 309; Goyon, G. in: RdE 22, 1970, 86, Anm. 2.

4 Nur Pogo, op. cit., 309-11 denkt an ζ Ursae majoris. Die folgende Untersuchung zeigt, daß diese a priori unwahrscheinliche Vermutung falsch ist. Abseitig ist die Auffassung von Isler, JARCE 26, 1989, 199-200, es handle sich um die Sonne.

5 Z.B. Pogo, op. cit., 309 und 311.

6 Pogo, op. cit., 311-2.

7 So postuliert von Parker, Calendars, §§ 220-2.

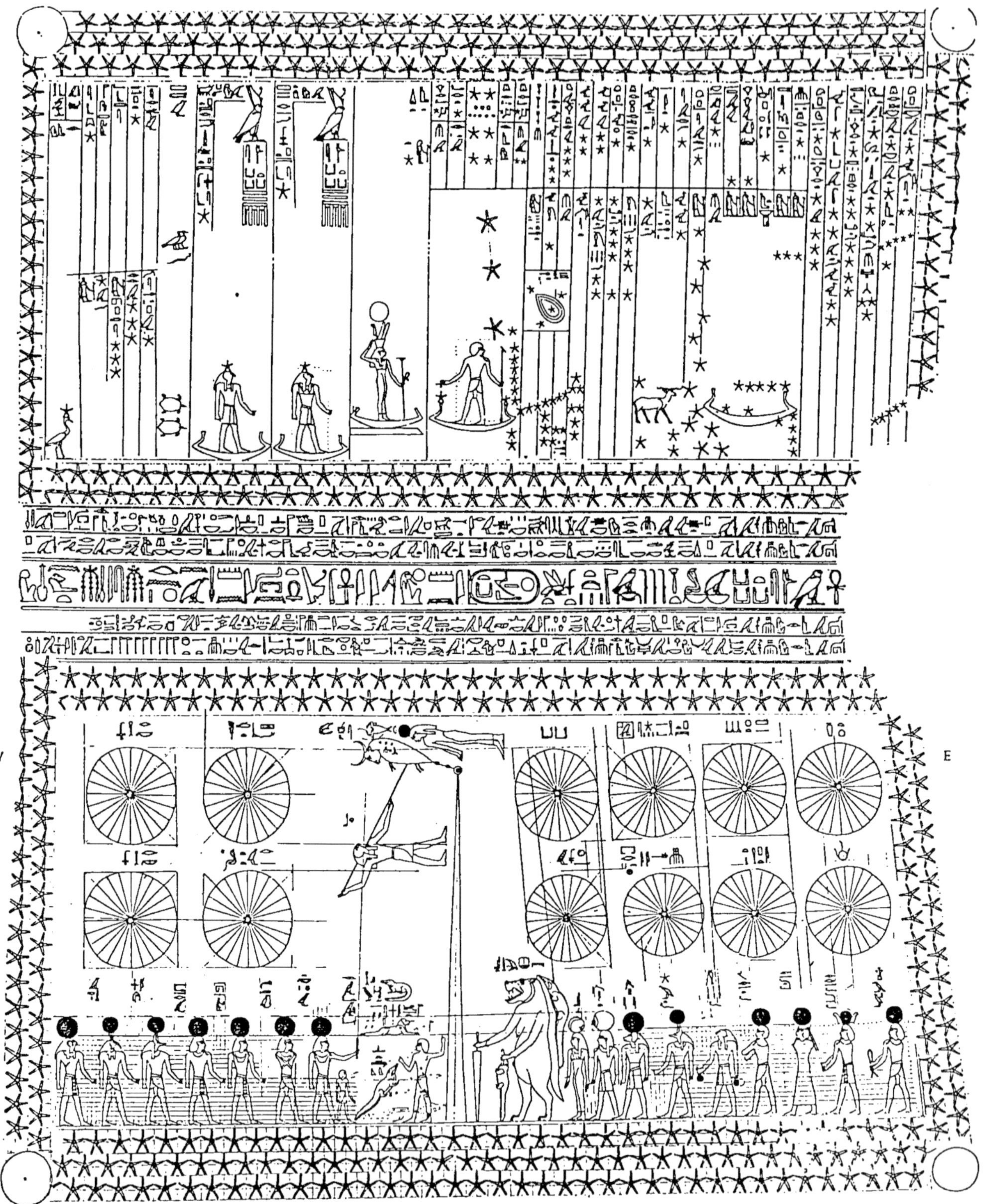
W
E

Da der Monat *wpt-rnpt* in den (jul.) Juli fällt[8], kommt also entweder die Grenze Nov./ Dez. oder März/April in Frage. Den Monatsübergang Nov./Dez. kann man damit sofort ausscheiden, da die Kulmination tagsüber stattfand und nicht zu beobachten war. In dem kommenden Kapitel über die Orientierung ägyptischer Tempel wird festgestellt, daß die Kulmination eines Sterns um Mitternacht eine herausragende Rolle spielt, sodaß auch hier dasgleiche der Fall sein könnte. Schätzungsweise[9] ereignete sich die mitternächtliche Kulmination von η Ursae majoris zur damaligen Zeit Mitte März. Die genaue Rechnung[10] ergibt folgendes:

Rektaszension α = 166°.38; Deklination δ = 68°.15

Nacht vom 18. auf den 19. März: Kulmination η Uma: 0^h 13^m ; Mitternacht: 0^h 12^m

Nacht vom 19. auf den 20. März: Kulmination η Uma: 0^h 09^m ; Mitternacht: 0^h 11^m.

bb) Betrachtet man die Darstellung, so fallen abgesehen von den Vorzeichnungen zwei markante Linien auf. Die eine ist der schon besprochene Meridian, der selbst oder dessen Verlängerung durch den Himmelspol gehen muß. Die andere ist der Speer des Gottes *ᶜnw*. Verlängert man beide Linien, so schneiden sie sich an einem Punkt direkt an der Grenze zwischen dem Sternenband und der Inschriftenzeile (vgl. Abb. 2). Es läßt sich folgende Hypothese aufstellen:

Der Schnittpunkt der beiden Linien ist der Himmelspol, die ganze Strecke vom Schnittpunkt bis zur Grundseite des Dreiecks bezeichnet die Strecke Pol-Äquator. Überprüfen läßt sich diese auf den ersten Blick gewagt erscheinende Hypothese durch den eingezeichneten Stern η Ursae majoris. Dessen Deklination sollte zur fraglichen Zeit +68°.15 betragen, wobei nochmal betont sei, daß die genaue Jahreszahl keine Rolle spielt, der Wert ändert sich in den hundert Jahren von -1500 bis -1400 um ganze 0°.55. Eine Messung in der ziemlich sorgfältig ausgeführten Strichzeichnung[11] ergibt folgendes:

Strecke angenommener Pol - Äquator: 143mm, diese müssen 90° entsprechen.

Strecke Stern - angenommener Äquator: 108.5mm, diese müßten den theoretischen 68°.15 entsprechen.

8 Dies Ergebnis ist unabhängig davon, ob man bei der Bestimmung des Monats *wpt-rnpt* Parkers Lunistellartheorie folgt oder meiner Solartheorie, beide führen für die fragliche Zeit auf den Juli, vgl. das vorige Kapitel über *wpt-rnpt*.

9 Sämtliche Schätzwerte dieser Untersuchung wurden mit Hilfe einer drehbaren Sternkarte erzielt, die der Verfasser nach den Anweisungen von NAC I, § 16, X angefertigt hat. Eine solche Karte erspart viele Versuchsrechnungen, die Herstellung selbst kostet bei rund 300 eingezeichneten Sternen ungefähr einen halben Arbeitstag.

10 Nach NAC I, § 16, VI. Die Rechnung wird gleich für das erst später erschlossene Jahr -1461 durchgeführt, Schwankungen von 20-30 Jahren ändern an den julianischen Daten für die Kulmination kaum etwas.

11 EAT III, pl. 1. Sämtliche Maßangaben beziehen sich auf die Originalpublikation.

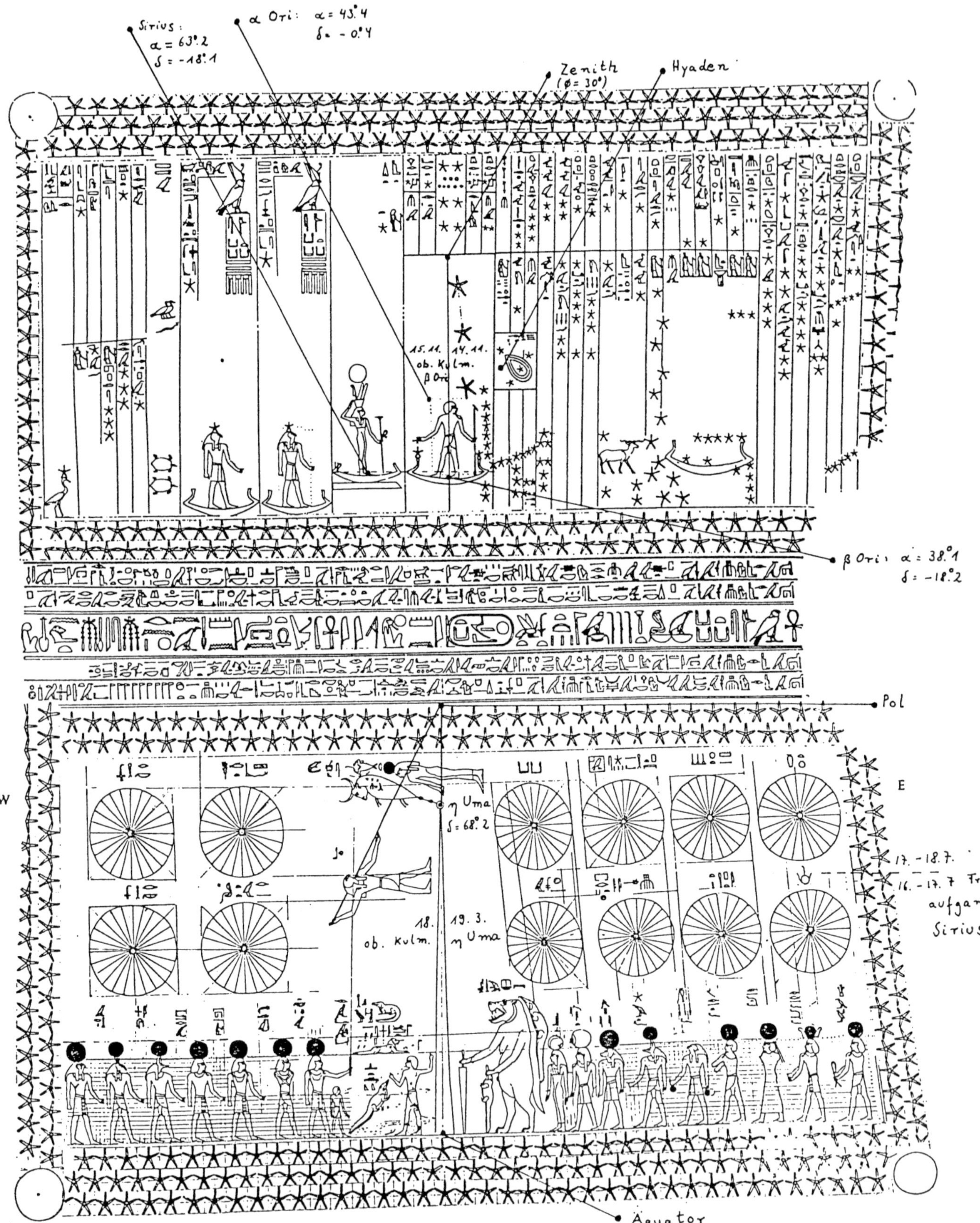
Sirius : α = 63°.2 δ = -18°.1
α Ori: α = 43°.4 δ = -0°.4
Zenith (φ = 30°)
Hyaden
15.11. 14.11. ob. Kulm. β Ori
β Ori: α = 38°.1 δ = -18°.2
Pol
W
E
η Uma δ = 68°.2
18. 19.3. ob. Kulm. η Uma
17.-18.7.
16.-17.7
aufgan
Sirius
Äquator

Die Ausrechnung ist ein einfacher Dreisatz: (108.5mm : 143mm) x 90° = $68^{o}.29$.
Zu diesem Ergebnis ist zu sagen, daß es vielleicht genauer erscheint, als es in Wirklichkeit ist, weil es durch einige unvermeidliche Ungenauigkeiten beeinflußt werden kann[12]. Akzeptiert man auf Grund der in jedem Fall großen Übereinstimmung von Rechnung und Messung die oben angeführte Hypothese, so hat dies in der Hauptsache zwei Konsequenzen. Erstens müßte man den Ägyptern zubilligen, daß sie in der Lage waren, eine zumindest in einem Punkt genaue Himmelskarte zu zeichnen, was in einem gewissen Gegensatz zu dem bislang in der (seriösen) Wissenschaft gezeichneten negativen Bild von der altägyptischen Astronomie steht. Zum zweiten würde die Karte einen wesentlich größeren Himmelsausschnitt wiedergeben, als man bislang vermutet hatte, vor allem hätte man die Sternbilder des Nilpferds, Löwen usw. in einer ganz anderen Richtung zu suchen[13].

cc) Das Gradnetz

Zählt man die Quadrate der unten stehenden Personen, stellt man zunächst nichts Außergewöhnliches fest. Es handelt sich um das ältere Quadratnetz, das aus 18 Quadraten von der Standlinie bis zur Haarlinie an der Stirn besteht. Mit Haaren sind die Personen dann genau 19 Quadrate hoch. Diesen 19 ägyptischen Einheiten entsprechen auf der Strichzeichnung 27mm, u.U. ein klein wenig mehr, gemessen vom Schnittpunkt der Verlängerungslinie mit dem Meridian. Insgesamt beträgt die Strecke angenommener Pol - Äquator 143mm. Will man nun wissen, wieviel ägyptischen Einheiten die Gesamtstrecke entspricht, so genügt wiederum ein einfacher Dreisatz:
(143mm : 27mm) x 19 Einheiten = 100.6 Einheiten.
Da die 19 Quadrate ein ganz klein wenig länger als die 27mm waren, sei noch eine zweite Rechnung gemacht: (143mm : 27,2mm) x 19 Einheiten = 99.9 Einheiten.
Man wird wohl sagen können, daß insgesamt 100 Planquadrate für die Distanz Pol - Äquator vorgesehen waren, eine Tatsache, die die oben unter bb) angeführte Hypothese weiter stützt.
Die durch den Stier und die Arme der Selket laufende Linie ist 115mm von der Standlinie entfernt, also (115mm : 143mm) x 100 Einheiten = 80.4 Einheiten, d.h. wahrscheinlich geplante 80 Einheiten.
Die obere der durch den Gott *ᶜnw* laufende Linie ist 86mm von der Standlinie entfernt, also (86mm : 143mm) x 100 Einheiten = 60.1 Einheiten, d.h. geplante 60 Einheiten.

12 Ableseungenauigkeit auf der Strichzeichnung selbst; Fehler bei der Herstellung der Strichzeichnung; Fehler bei der Übertragung der Beobachtungen auf die Grabdecke; Fehler bei der Beobachtung selbst. Da man nicht weiß, ob sich einzelne Ungenauigkeiten wieder aufheben oder sich zu einem größeren Fehler aufsummieren, sollte man die Akzeptanzgrenzen nicht unter +/- 1° Fehlergenauigkeit ansetzen.

13 Vgl. etwa die Karte bei Pogo, Isis 14, 1930, 309. Die desöfteren vorgetragene Identifikation von *ᶜnw* (*Dwn-ᶜnwy*) mit Deneb (α Cygni), so Žába, L'orientation, 45 im Anschluß an Wainwright wäre zu streichen.

Auch die horizontale Einteilung läßt sich bestimmen, eine ganze Reihe Meßpunkte sind noch erhalten, z.T. sogar noch die dazugehörenden Vertikallinien. Insgesamt beträgt die Distanz der gesamten Horizontalstrecke, gemessen auf der Höhe des 19. Quadrats 273mm, wobei zu beachten ist, daß ein schmaler, ungefähr ein Quadrat breiter Streifen vor dem Sternenband nicht dazugehört, man betrachte insbesondere die Ecken und die Stelle unterhalb des Meridiandreiecks. Messungen ergeben folgendes:
15 Quadrate gezählt von der Schulter des *Ḥr-ḫknw* bis zur Scheibe des *ʿȝ-nrw* (schakalsköpfig) sind 20.5 mm lang, die Gesamtdistanz beträgt dann (273mm : 20.5mm) x 15 Einheiten = 199.8 Einheiten.
7 Quadrate gezählt vom Ohr des *ʿȝ-nrw* bis zur Scheibe des *Nks* sind 9.5mm lang, also (273mm : 9.5mm) x 7 Einheiten = 201.2 Einheiten.
11 Quadrate gezählt von der Scheibe des *Tknw* bis zum letzten Punkt vor der Scheibe des *Ir-m-ʿwȝy* sind 15.5mm lang, also (273mm : 15.5mm) x 11 Einheiten = 193.7 Einheiten.
29 Quadrate gezählt von der Schnauze/Schulter des Hapi bis zur Scheibe des *Mȝ.n-it.f* sind 40mm lang, also (273mm : 40mm) x 29 Einheiten = 197.9 Einheiten.
17 Quadrate gezählt vom Kopftuch des *Ir-n-ḏt.f* bis zur Scheibe des *Hȝḳw* sind 23.5mm lang, also (273mm : 23.5mm) x 17 Einheiten = 197.5 Einheiten.
Insgesamt ergibt sich ein Durchschnitt von 198 Quadraten, d.h. man wird ziemlich sicher sein, daß die gesamte Länge aus 200 Feldern besteht. Insgesamt besteht der dargestellte Himmelsausschnitt aus 100 x 200 Quadraten.
dd) Weiter oben unter aa) wurde festgestellt, daß sich die Himmelskarte auf die Nacht vom 18. auf den 19. März (jul.) oder die Nacht vom 19. auf den 20. März, jeweils Mitternacht bezieht. Über den zwölf Kreisen stehen jeweils Monatsnamen, die denen im Eberskalender und im Kairo-Kalender (vso XIV) entsprechen[14], es ist anzunehmen, daß diese Kreise Zeitabschnitten von jeweils 30 Tagen entsprechen sollen. Der Meridian teilt dieses astronomische Jahr zu 360 Tagen[15] in drei gleichlange Teile, wie nachfolgende Skizze verdeutlicht.

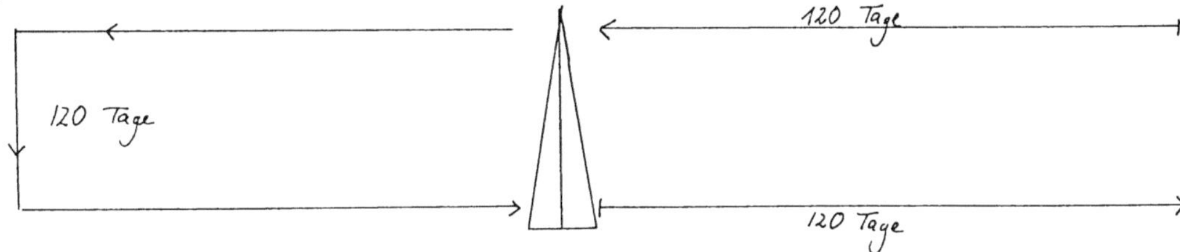

Die Darstellung beginnt höchstwahrscheinlich mit dem Monat *tḫy* und endet mit *wpt-rnpt*[16]. Wenn nun die Grenze zwischen dem zweiten und dem dritten Abschnitt am 18./19. März bzw. am 19./20. März liegt, dann fällt die Grenze zwischen dem dritten Ab-

14 Vgl. das Kapitel über den Monatsnamen *wpt-rnpt*.

15 Siehe weiter oben das einleitende Kapitel.

16 Dies auch die Ansicht von Parker, Calendars, § 201.

schnitt und dem ersten (Jahresende/Jahresbeginn) auf ein 120 Tage später liegendes Datum, also entweder auf den 16./17. Juli oder den 17./18. Juli. Der 17. Juli ist der Tag des Sothisaufgangs in Memphis[17], der allgemeine Bezugspunkt des ägyptischen Kalenders[18]. D.h. die Darstellung ist so konzipiert, daß der Sothisaufgang in die letzte Stunde des dritten Teils fällt, eine halbe bis eine Stunde später beginnt dann das neue Jahr und der erste Abschnitt (beachte die ägyptische Tages- und Datumsgrenze; Stichwort: Sonnenaufgang[19]). Hat man somit zwei markante Ereignisse für den Übergang vom zweiten zum dritten Abschnitt und vom dritten zum ersten Abschnitt festgestellt, so bleibt noch ein weiterer übrig, der Übergang vom ersten zum zweiten. Diese Frage leitet über zu

3. Die Darstellung des südlichen Himmels[20]

a) Wenn der 17. Juli Sonnenaufgang - 18. Juli Sonnenaufgang der erste Jahrestag und damit Beginn des ersten Jahresdrittels ist, so beginnt das zweite Jahresdrittel 120 Tage später, also am 14. November Sonnenaufgang - 15. November Sonnenaufgang; d.h. gesucht ist ein markantes astronomisches Geschehnis, das auf den Tag 14. November Sonnenaufgang - 15. November Sonnenaufgang fällt. Stand in der Darstellung des Nordhimmels der Stern η Ursae majoris in der Bildmitte, so ist dies beim Südhimmel das Sternbild Orion. Seine beiden hellsten Sterne sind α (Betelgeuze) und β (Rigel), letzterer könnte der sein, der dem ganzen Sternbild seinen Namen gegeben hat[21].

Nach einer Schätzung mit der drehbaren Sternkarte[22] müßte es sich bei dem gesuchten Ereignis um die Kulmination von β Orionis um Mitternacht handeln. Die genaue Rechnung[23] ergibt folgendes:

Rektaszension α : $38^{o}.13$; Deklination δ : $-18^{o}.23$.

Kulmination β Orionis -1462 für die Nacht vom 14. auf den 15. November: $23^{h}\ 49^{m}$ bürgerliche Ortszeit.

Mitternacht[24]: $23^{h}\ 49^{m}$.

17 NAC I, § 18, I und IV. Aufgang am 17. Juli (-1462) bei einem arcus visionis β: $8^{o}.3 < \beta < 9^{o}.2$; Aufgang am 17. Juli (-1461) bei $8^{o}.1 < \beta < 9^{o}.0$. Vgl. hierzu S. 16, Anm. 42.

18 Siehe die Kapitel über die Tagewählkalender und den Monatsnamen *wpt-rnpt*.

19 Siehe oben das einleitende Kapitel über den ägyptischen Tagesbeginn.

20 EAT I, pl. 25.

21 Für das ganze Sternbild und die besondere Rolle des Rigel siehe Anthes in Fs S.Schott, Hrgb. W. Helck, Wiesbaden 1968, 1-6 und derselbe in ZÄS 102, 1975, 5-6. Sein Ergebnis, daß Rigel um 3000 v.Chr. an derselben Stelle im Horizont aufging wie die Sothis, ist falsch, die Kritik von Krauss, Sothis- und Monddaten, HÄB 20, Wiesbaden 1985, 50 besteht zu Recht.

22 Vgl. Anm. 9.

23 NAC I, § 16, VI.

24 NTAC III, Tafel 7.

Die Rechnung bestätigt die Vermutung, festzuhalten bleibt, daß ebenso wie bei der Darstellung des Nordhimmels eine Kulmination um Mitternacht den Zeitpunkt definiert, für den die Himmelskarte gezeichnet ist.

b) das Gradnetz

aa) Sowohl bei Jupiter wie bei Orion sind noch die Punkte des Quadratnetzes erhalten. Bei Jupiter ergeben sich für 9 Quadrate 12.5mm, also besteht die ganze Strecke von 285mm aus (285mm : 12.5mm) x 9 Einheiten = 205.2 Einheiten.

Bei Orion ergeben sich für 7 Quadrate 10mm (gezählt oben), also besteht die ganze Strecke von 285mm aus (285mm : 10mm) x 7 Einheiten = 199.5 Einheiten.

Bei Orion ergeben sich für 9 Quadrate 13mm (gezählt unten), also besteht die ganze Strecke von 284.5mm aus (284.5mm : 13mm) x 9 Einheiten = 197.0 Einheiten.

Der Durchschnitt der drei Messungen beträgt 200.6 Einheiten, d.h. man kann mit Sicherheit sagen, daß auch der Südhimmel in 200 Vertikallinien eingeteilt ist.

Für die Bestimmung der Zahl der Horizontallinien nimmt man am besten den Orion, von der Standlinie bis zur Haarlinie an der Stirn sind es 18 Einheiten. Diese entsprechen etwas mehr als 25mm, vielleicht 25.2mm, 1 Einheit entspricht dann 1.4mm. Geht man versuchsweise davon aus, daß sich der kulminierende Stern Rigel genau in der Bildmitte befindet und zieht man genau in der Bildmitte eine senkrechte Linie, so schneidet diese Linie die Zehen des Orion (äg. *s3ḥ*). Von diesem Schnittpunkt bis zur oberen Begrenzungslinie sind es 75mm. Nimmt man des weiteren an, daß genau wie beim Nordhimmel 100 vertikale Einheiten 90° entsprechen, so läßt sich die Höhe der oberen Begrenzungslinie in Grad angeben.

75mm = $x^{o} - \delta$ (β Orionis) = $x^{o} + 18^{o}.23$.

1.4mm = 1 Einheit. Daraus folgt:

75mm = 53.57 Einheiten.

100 Einheiten = 90°. Daraus folgt: 53.57 Einheiten = $48^{o}.21$.

Daraus folgt: $x^{o} = 48^{o}.21 - 18.^{o}.23 = 29^{o}.98$.

Diese 30° geben einen Sinn. Genau auf dieser Höhe liegt auf der Vertikallinie durch Rigel, die ja einen Ausschnitt des Süd-Nord-Meridians darstellt, der Zenith, sofern man von einem Bezugsort Memphis ($\varphi = 29^{o}.9$) oder Heliopolis ($\varphi = 30^{o}.1$) ausgeht. Die Frage des Bezugspunktes war schon weiter oben zugunsten von Unterägypten geklärt worden (Stichwort: Sothisaufgang am 17. Juli), sie erfährt hier eine weitere Bestätigung.

bb) Bisjetzt sind innerhalb der Karte zwei feste Punkte gewonnen[25]:

Zenith für die Nacht vom 14. auf den 15. November -1462, Mitternacht (23.49) : $\alpha = 38^{o}.13$; $\delta = 30^{o}$.

Rigel (β Orionis) : $\alpha = 38^{o}.13$; $\delta = -18^{o}.23$.

Um weiter zu kommen, muß zunächst geklärt werden, um was für eine Himmelsprojektion es sich handelt. In Frage kommen in der Hauptsache zwei Systeme. Einmal das Koordinatensystem des Horizonts, bei dem ein Punkt durch seine Höhe und Azimut angegeben

25 Vgl. Abb. 2.

wird, zum anderen das Koordinatensystem des Äquators, bei dem der Ort eines Sterns durch Rektaszension und Deklination festgelegt ist[26]. Aufschluß darüber vermag die Stellung der Sothis zu geben. In einem horizontalen Koordinatensystem hatte Sirius zum Zeitpunkt der Kulmination von Rigel die Höhe h = 36°.61, Rigel selbst 60° (Memphis!) + δ (β Orionis) = 41°.77[27]. D.h. die Sothis hätte gut 5° unterhalb von Rigel zu stehen, da dies nicht der Fall ist, scheidet das horizontale Koordinatensystem aus[28]. In einem äquatorialem Koordinatensystem stand Sirius (δ = -18°.09) zur damaligen Zeit geringfügig höher als Rigel (-18°.23). Betrachtet man nun die Darstellung, so stellt man fest, daß das Schiff der Sothis auch ein klein wenig höher steht als das des Orion, mithin steht auch die Sothis selbst etwas höher als Rigel. Folglich kann man vermuten, daß es sich bei der Darstellung des Südhimmels um eine Karte handelt, bei der alle Orte gleicher Höhe die gleiche Deklination besitzen und alle Orte gleicher Länge die gleiche Rektaszension. Unbekannt ist im Moment noch, wieviel Grad die jeweils 100 ägyptischen Einheiten von Rigel aus nach Osten bzw. Westen entsprechen. Man wird erwarten können, daß es sich dabei um eine runde Gradzahl handelt, etwa 90° oder 120°. Da Rigel ziemlich genau in der Mitte des Orionfeldes steht, kann man ähnliches auch von der Sothis annehmen. Die Mitte des Sothisfeldes ist ungefähr 28.5mm von Rigel entfernt, diese Distanz muß α (α Cma) - α (β Ori) = 63°.24 - 38°.13 = 25°.11 entsprechen. Die Gesamtstrecke von 142.5mm von Rigel bis zum östlichen Rand entspricht dann (142.5mm : 28.5mm) x 25°.11 = 125°.55. Dies Ergebnis läßt 90° klar ausscheiden, wahrscheinlich sind 120°, also nach beiden Seiten jeweils ein Himmelsdrittel gemeint. Nun kann man natürlich zur selben Zeit gar nicht 120° in jede Richtung hin beobachten, nach 90° schneidet der Himmelsäquator den Ost- bzw. Westpunkt; alle Sterne mit negativer Deklination, die mehr als 90 Längengrade vom jeweils kulminierenden Stern entfernt sind, sind dann unsichtbar. Sieht man daraufhin nochmals auf die Karte, so bemerkt man, daß in der Tat die Himmelsdarstellungen gar nicht bis zum äußersten Rand gehen, im Westen ist nach dem Schiff eine Begrenzungslinie, dahinter stehen nur noch Dekannamen, im Osten ist das gleiche nach den beiden Schildkröten der Fall. Die östliche Linie ist von Rigel 106.5mm entfernt, dies entspricht (106.5mm : 142.5mm) x 120° = 89°.68, die westliche 107mm, dies entspricht (107mm : 142.5mm) x 120° = 90°.11. Man kann davon ausgehen, daß in beiden Fällen die 90°-Linie gemeint ist und die Gesamtlänge von 120° richtig ist.

26 Beschreibung der unterschiedlichen Systeme in NAC I, S. 3-5.

27 Rechnung nach NTAC III, § 17.

28 Das Koordinatensystem der Ekliptik (vgl. NAC I, S. 4 und NTAC III, § 21) wurde ebenfalls für Rigel und Sirius überprüft, das Ergebnis war negativ. Breite β von Rigel: -31°.6 (+/- 0°.2), Sirius β : -38°.8, d.h. Sirius hätte auch in diesem Koordinatensystem weit unterhalb von Rigel zu stehen.

Nun kann man auch den Sothisort genauer bestimmen, er muß sich $(25^{o}.11 : 120^{o}) \times 142.5mm = 29.8mm$ von Rigel aus weiter östlich befinden, das ist ziemlich genau in der Mitte des Maat-Sockels (siehe Abb. 2).
α Orionis (Betelgeuze) besitzt die Koordinaten $\alpha = 43^{o}.39$ und $\delta = -0^{o}.37$. $43^{o}.39$ liegt $[(43^{o}.39 - 38^{o}.13) : 120^{o}] \times 142.5mm = 6.2mm$ von Rigel aus weiter östlich, das ergibt die senkrechte gepunktete Linie bei Orion. $-0^{o}.37$ liegt $(18^{o}.23 - 0^{o}.37) \times 10/9 \times 1.4mm = 27.8mm$ höher als Rigel, das ergibt die waagrechte gepunktete Linie bei Orion. Auf dem Schnittpunkt der beiden Linien liegt dann Betelgeuze.
Bei dem großen Sternhaufen nordwestlich von Orion dürfte es sich um die Hyaden handeln, ansonsten seien hier keine weiteren Versuche zur Sternidentifikation unternommen.
c) Die Planeten
aa) Die Karte enthält auffälligerweise nur vier der damals bekannten fünf Planeten, nämlich von rechts nach links die beiden falkenköpfigen Götter Jupiter (*Hr-wpš-tꜣ.wy*) und Saturn (*Hr-kꜣ-pt*), dann Merkur (*Sbg*) und Venus (*Bꜥḥ/Bnw*). Es fehlt Mars und sein Fehlen ist vielleicht das Interessanteste an der ganzen Darstellung. Würde es sich um eine schematische Darstellung handeln wie z.B. beim Ramesseum[29], dann müßte der fehlende Planet als dritter falkenköpfiger Gott hinter Saturn stehen. Das Fehlen, das bei der sonst so sorgfältigen Darstellung kaum auf einem Versehen beruhen wird, läßt vermuten, daß es sich eben nicht um eine schematisierte Karte handelt, sondern daß Mars an dem bestimmten Tag nicht zu sehen war. Ebenfalls auffällig ist, daß bei Jupiter genauso wie bei Orion noch die Punkte des Gradnetzes zu sehen sind, anscheinend kam es hier auch auf Genauigkeit an. Im Gegensatz zu den Fixsternen ändert sich die Position der Planeten ständig, wenn es bei Jupiter auf die genaue Lage ankam, hat man vielleicht die Möglichkeit, das genaue Jahr der Karte zu bestimmen. Man kann dazu folgende Bedingungen aufstellen:
Gesucht ist das Jahr, in dem
1. Jupiter in der Nacht vom 14. auf den 15. November eine Rektaszension zwischen 73° und 95° besitzt[30].
2. Mars nicht sichtbar ist.
3. Alle anderen Planeten aber sichtbar sind, wobei
4. Venus Morgenstern sein muß (da sie im Osten steht).

29 EAT III, pl. 5.

30 Entfernung linke Linie vom Rand 75mm, Gesamtlänge bis Rigel 142.5mm, das entspricht $[(142.5mm - 75mm) : 142.5mm] \times 120^{o} + \alpha\ (\beta\ Ori) = 56^{o}.84 + 38^{o}.13 = 94^{o}.97$; bzw. Entfernung rechte Linie vom Rand 101mm, das entspricht $[(142.5mm - 101mm) : 142.5mm] \times 120^{o} + 38^{o}.13 = 73^{o}.08$.

Zuletzt muß das Datum zu den anderen astronomischen Daten passen[31] und das Ergebnis muß historisch möglich sein, d.h. es muß sich ein Jahr ergeben, zu dem Senenmut vernünftigerweise an seinem Grab gebaut haben kann.
bb) Für den Regierungsbeginn Thutmosis III. gibt es im wesentlichen drei Ansätze, der früheste liegt bei -1503, der mittlere bei -1489, der späteste bei -1478. Da die Nachrichten über Senenmut ungefähr 18 oder 19 Jahre später aufhören, er jedenfalls nicht mehr an seinem Grab gebaut hat[32], muß man den Zeitraum noch einmal um knappe 20 Jahre verlängern. Da die ganz frühen Jahre auch wegfallen, bleibt ein Untersuchungszeitraum von gut 40 Jahren, von -1500 bis -1460. Zur Sicherheit seien noch jeweils 5 Jahre hinzugegeben, also -1505 bis -1455. Von diesen 50 Jahren lassen sich schon durch die erste Bedingung die meisten ausscheiden. Da Jupiter eine siderische Umlaufzeit von 11.86 Jahren besitzt, hat er nur, abgesehen von den jeweiligen Oppositionsschleifen, ungefähr alle 12 Jahre dieselbe Rektaszension. Diese Rektaszension läßt sich mit Hilfe der Neugebauerschen Tafeln berechnen[33], da die Rechnung aber ziemlich aufwendig ist, wird man sich zunächst mit einer Überschlagsrechnung für die geozentrische Länge λ begnügen, die sich von der Rektaszension nicht allzusehr unterscheidet. Dies kann man auch über die Neugebauerschen Tafeln machen[34] oder, sofern zur Hand, direkt aus einem Werk ablesen, dem eben diese Tafeln als Rechenvorlage zu Grunde lagen[35]. Aus dem genannten Werk lassen sich folgende Werte ablesen:

Jahr	Tag	λ Jupiter
-1509	Nov. 11	91°
-1497	Nov. 18	96°
-1474	Nov. 17	72°
-1462	Nov. 14	77°
-1450	Nov. 11	82°
-1438	Nov. 18	86°

Schon diese erste Bedingung sondert die meisten Jahre aus, übrig bleiben 3 Jahre innerhalb des eigentlichen Untersuchungszeitraums von -1505 bis -1455. Für diese Jahre

31 Die Distanz von genau 120 Tagen zwischen der mitternächtlichen Kulmination von η Ursae majoris und dem Sothisaufgang ist in einem längeren Zeitraum nicht konstant.

32 Siehe C. Meyer, Senenmut, Hamburger Ägyptologische Studien 2, Hamburg, 1982, 272f.

33 NTAC II, § 5.

34 Entweder über NTAC III, §§ 25 und 27 oder über NAC I, § 6, III.

35 D. Stahlman/O. Gingerich, Solar and Planetary Longitudes for Years -2500 to +2000 by 10-Day Intervals, Madison, 1963.

seien überschlagsmäßig die Sichtbarkeitsverhältnisse berechnet[36] und tabellarisch zusammengefaßt:

Jahr	Merkur		Venus			Mars		Jupiter		Saturn	
	a	sichtb.	a	sichtb.	Morgenst.	a	sichtb.	a	sichtb.	a	sichtb.
-1509	23	+	216	+	-	730	-	152	+	270	+
-1497	5	-	512	+	+	405	+	147	+	103	+
-1474	75	+	154	+	-	250	+	171	+	191	+
-1462	46	+	450	+	+	740	-	166	+	37	+
-1450	19	+	161	+	-	412	+	161	+	269	+
-1438	3	-	457	+	+	154	+	156	+	102	+

a = Tage seit (oberer) Konjunktion mit der Sonne (vgl. NTAC III, Tafel 35).

Die Bedingung, daß Mars nicht sichtbar sein darf, bringt die Entscheidung, denn dadurch fallen sicher vier der verbliebenen sechs Jahre weg. Mars geht im Durchschnitt 54 Tage nach der Konjunktion wieder im Osten auf, dieser Wert kann zwar durchaus um einige Monate überschritten werden[37], aber selbst in diesem Fall käme allenfalls -1438 in Frage. Dies Datum würde dann aber aus zwei anderen Gründen ausscheiden. Zum einen war Merkur nicht sichtbar, zum anderen, und das ist die Hauptsache, liegt es weit außerhalb des Untersuchungszeitraumes; eine Entstehungszeit von -1438 für das Senenmutgrab anzunehmen, widerspricht allen bisherigen Erkenntnissen über ägyptische Chronologie. Mars ist lediglich in zwei Jahren nicht sichtbar, davon scheidet wieder -1509 aus, da es außerhalb des Untersuchungszeitraumes liegt und Venus zwar sichtbar war, aber als Abendstern, d.h. im Westen stehen müßte. Übrig bleibt -1462, das als einziges der genäherten Rechnung nach alle Bedingungen erfüllt. Die genaue Rechnung[38] ergibt für Jupiter eine Rektaszension $\alpha = 74^{o}.53$ (Deklination $\delta = +23.20$), d.h. Jupiter lag wirklich innerhalb des geforderten Zwischenraums von $73^{o} - 95^{o}$. Eine Überprüfung bestätigt desweiteren, daß Mars tatsächlich nicht sichtbar war, sein heliakischer Untergang war bereits Anfang Oktober[39]. Der heliakische Aufgang des Saturn fand am 27.

36 NTAC III, § 25.

37 Vgl. NAC I, S. 166.

38 NTAC II, § 5. Eine Ephemeridenrechnung nach Bretagnon, P./Simon, J.-L., Tables for the Motion of the Sun and the five Bright Planets from -4000 to +2000, Willman - Bell, Inc., Richmond, Virginia (USA), 1986, ein Computerprogramm, für dessen Beschaffung Herrn Dr. Udo Backhaus, Universität Osnabrück, Fachbereich Physik, herzlich gedankt sei, ergab eine Rektaszension $\alpha = 74^{o}.47$ (Deklination $\delta = +23^{o}.21$).

39 Rechnung nach NTAC III, § 26, III. Differenz (§ 26, III, g) für den 12. Okt. 2.23; für den 1. Nov. 6.76; für den 21. Nov. 9.98, d.h. Differenz wird 0 für ein Datum ungefähr 10 Tage vor dem 12. Oktober.

Oktober statt[40]. Anders verhält es sich bei Merkur. Sein Verschwinden im Westen sollte zwar dem Durchschnittswert nach 8 Tage später bei a = 53 erfolgen[41], der genauen Rechnung nach[42] war er jedoch letztmalig am 10. oder 11. November sichtbar, also seit drei Tagen nicht mehr zu sehen. Auf den ersten Blick stellt sich dies als ein ernstes Hindernis dar, in Wirklichkeit zeigt es aber nur, daß die Rechnung allein noch nicht alles bedeutet. Einmal gesetzt den Fall, die Rechnung hätte tatsächlich einen Untergang 8 Tage später am 22. November ergeben, so hätte man vielleicht gefolgert, daß Merkur am 14. November als Abendstern sichtbar war, und diese Folgerung wäre falsch gewesen. Merkur ist generell als Abendstern nur im Winter und im Frühjahr zu beobachten, als Morgenstern im Spätsommer und im Herbst[43]. D.h. die Ägypter konnten Merkur, der sowieso schwer zu sehen ist, zum damaligen Zeitpunkt auf keinen Fall beobachten und mußten sich, wollten sie trotzdem Aussagen über diesen Planeten machen, auf die Durchschnittswerte verlassen[44].

4. Ergebnisse

a) Historische

Das Thronbesteigungsdatum Thutmosis III. war der I. *šmw* 4 (Urk. IV, 180, 15), bei einem Regierungsbeginn von 1479 v.Chr. = -1478[45] entspricht dieses Datum dem 28. April. Der Tag -1462 14. November Sonnenaufgang - 15. November Sonnenaufgang trüge dann das ägyptische Datum Jahr 17 Thutmosis III., III. *ꜣḫt* 23. Das späteste Ostrakon des Senenmut, gefunden 1926-7 im Steinbruch neben dem Eingang zum zweiten Grab des Senenmut in Deir el-Bahri trägt das Datum Jahr 16, I. *ꜣḫt* 8[46], d.h. zu diesem Zeitpunkt wurde sicher noch an dem Grab gearbeitet. Der Sturz des Senenmut fiel höchstwahrscheinlich in das Jahr 18 oder 19 Thutmosis III.[47]. Das oben erschlossenen Datum Jahr 17, III. *ꜣḫt* 23 fällt genau in die Mitte dieses recht eng begrenzten Zeitraums und erfährt durch das Zusammenpassen mit den historisch überlieferten Daten eine nicht unbeträchtliche Stütze. Umgekehrt untermauert die Darstellung des Senenmutgrabes noch einmal das späte Thronbesteigungsjahr Thutmosis III. (-1478),

40 Rechnung nach NTAC III, § 26, III.

41 NTAC III, Tafel 35.

42 NTAC III, § 26, III.

43 dtv-Atlas zur Astronomie, München, 1973, 57.

44 Dieser Zwiespalt ist u.U. auch in der Darstellung angedeutet, bei der sich die kleine Sethfigur des Merkur, die wie ein zu weit nach unten gesetztes Determinativ zu *Sbg* aussieht, doch sehr von den Figuren der drei anderen Planeten unterscheidet.

45 Im Schlußkapitel sind alle Argumente für -1478, d.h. gegen -1503 und -1489 zusammengestellt.

46 C. Meyer, Senenmut, Hamburger Ägyptologische Studien 2, Hamburg, 1982, 250-1.

47 C. Meyer, op. cit., 272f.

ein früheres Datum wäre nur noch dann möglich, wenn man den ganzen Abschnitt über die Stellung der Planeten widerlegt.

b) Astronomische:

Das Grab enthält folgende astronomische Fakten:

aa) 4 genaue Sternpositionen, gemessen in einem äquatorialem Koordinatensystem (d.h. in Rektaszension und Deklination), nämlich η Ursae majoris (Benetnasch) am Nordhimmel und α und β Orionis (Betelgeuze und Rigel) und α Canis majoris (Sirius/Sothis) am Südhimmel.

bb) 2 Kulminationen um Mitternacht (η Ursae majoris und β Orionis).

cc) 2 voneinander unabhängige Belege für den Beobachtungspunkt Memphis, obwohl sich das Grab in Theben befindet, einmal erschlossen aus dem Aufgang der Sothis am 17. Juli, das andere Mal aus der Position des Zenith abgeleitet.

dd) 1 Sternbildidentifikation (Hyaden).

ee) Durch die exakt 120-tägigen Abstände der beiden Kulminationen vom Sothisfrühaufgang einen Beleg dafür, daß es sich bei den Monatsnamen nicht um Mondmonate handeln kann[48], sondern um Monate mit konstanten 30 Tagen genauso wie beim Eberskalender und im Kairiner Tagewählkalender (vso XIV).

ff) Eine Planetenkonstellation, die in einem Zeitraum von über 70 Jahren nur einmal eintrat, das dabei erzielte Jahr stimmt mit den übrigen Daten aus dem Leben Senenmuts überein.

gg) U.U. Informationen über die ägyptische Gradeinteilung, 90^{0} in der Deklination entsprechen 100 ägyptischen Einheiten.

48 Das Argument von Parker, Calendars, § 222, es müsse sich um Mondmonate handeln, weil die dargestellten Götter mit den Scheiben auf dem Kopf Götter der einzelnen Mondmonatstage sind, ist nicht stichhaltig. Diese Behauptung wäre nur dann zu halten, wenn diese Götter ausschließlich Mondmonatsgötter wären. Dieser Beweis wird aus mehreren Gründen schwerfallen:

(1) Es ist wahrscheinlich nur sicher, daß diese Götter Monatsgötter sind, d.h. z.B. *Ir-m-ʿwꜣy* wird je nach System entweder der Gott des 15. Tages eines bürgerlichen Monats oder eines Mondmonats sein.

(2) Die meisten dieser Götter kommen auch in den Stundenwachen vor (vgl. Junker, Stundenwachen, Inhaltsübersicht auf S. 10-22), könnten sich also genauso gut auf die in jeweils 24 Stunden unterteilten Kreise beziehen.

(3) Damit ist die Vielfältigkeit der Götter noch nicht erschöpft, es könnte sich auch um Tagesgötter handeln, vgl. Edfou XV, 49 *ʿꜣ-nrw* (2. Mechir); *Ir-rn.f-ḏs.f* (11. Mechir).

V. Das Nutbild im Kenotaph Sethos I.

1. Einleitung

Im Kenotaph Sethos I. in Abydos sind zwei verschiedene Dekankalender erhalten[1], ein zeitgenössischer und ein antiker. Der zeitgenössische (Text T) nennt einen Sothisaufgang im I. *ꜣḫt*[2], das genaue Datum ist nicht genannt. Für die folgende Untersuchung spielt dieser Umstand keine Rolle; Einigkeit besteht darin, daß dieser Frühaufgang jedenfalls den Sothisaufgang zu Regierungszeiten Sethos I. bezeichnet[3]. Das antike System (Text U) nennt den Namen der Sothis nicht, sondern lediglich das Datum, die Zuordnung des Namens zum Datum läßt sich aber aus dem Abstand der Sothis zum Dekan *knmt* erschließen. Da der Frühaufgang des *knmt* sicher am I. *šmw* 6 stattfand[4], muß man nur feststellen, wieviel Dekaden zwischen *knmt* und *spdt* liegen. Sowohl Neugebauer/Parker[5] wie Barta[6] kommen auf unterschiedlichen Wegen zu dem Schluß, daß zwischen beiden Dekanen noch der Dekan *št.wy* steht; die Szene ist dargestellt im Nutbild, wo *št.wy* gerade über dem Horizont steht, die Sonne im Horizont und *knmt* unter dem Horizont[7]. D.h., man kann von einem Sothisaufgang am IV. *prt* 16 ausgehen, die zwei dazugehörenden Daten sind der II. *prt* 6 für den heliakischen Untergang (*šn-dwꜣt*) und der III. *ꜣḫt* 6 für die Kulmination in der ersten Nachtstunde (*tpt*).

2. Der antike Kalender

Ein Sothisaufgang am IV. *prt* 16 führt nach einhelliger Meinung ins Mittlere Reich, das sog. Illahundatum, Ausgangspunkt für jede MR-Chronologie, nennt genau den gleichen Tag; ein Umstand, den Parker/Neugebauer ohne Kommentar erwähnen[8], während Barta die Zufälligkeit anzweifelt[9].

1 Publiziert in EAT I, 36-94, insbesondere 83-6 und pl. 30-2. Dazu Barta in SAK 9, 1981, 85-103.

2 EAT I, pl. 47 und Barta, op. cit., 91.

3 EAT I, 57 (unten); ebenso Barta, op. cit., 91.

4 Datum und Name erhalten bei U_2 - U_7. U_2 ist der Dekan *ḫry ḫpd knmt*, der unmittelbare Nachfolger von *knmt* und hat seinen Frühaufgang (*mst*) am I. *šmw* 16.

5 EAT I, S. 86 und 87, Kommentar zu Text W (Methode: Vergleich mit den Dekanlisten im Säulensaal von Dendera, S. 84).

6 SAK 9, 1981, 90 (Methode: Vergleich mit den Dekanlisten im Grab Sethos I.).

7 Nicht berücksichtigt von Schott, Altägyptische Festdaten, Mainz, 1950, 28, der dadurch auf einen Sothisaufgang am IV. *prt* 26 kommt.

8 EAT I, S. 54.

Was kaum hinterfragt wird, ist die Tatsache, warum denn ein über 500 Jahre alter Kalender, der obendrein nur vier Jahre Gültigkeit besaß, die größte Fläche der Kenotaphdecke Sethos I. einnimmt; dies einfach als Beleg für den niedrigen Stand der Astronomie zu vereinnahmen[10], scheint der Bedeutung des Textes nicht gerecht zu werden. Um herauszufinden, was das Besondere an gerade diesem Kalender ist, sammelt man am besten einmal vorurteilslos die Informationen, die der Text enthält:

(1) Der Sothisaufgang findet am IV. *prt* 16 statt.

(2) Die Differenz Untergang - Aufgang beträgt exakt 70 Tage[11].

(3) Der natürliche Bezugspunkt des Kalenders, der erste Jahrestag (I. *ꜣḫt* 1) ist vom Sothisaufgang genau 225 Tage entfernt. Es ist zu überprüfen, ob an diesem Tag etwas derart Markantes passierte, das eine Tradierung gerade dieses Kalenders rechtfertigen würde.

Mit diesen Suchbedingungen läßt sich u.U. das absolute Bezugsjahr des Kalenders feststellen:

zu (1): Ein Sothisaufgang am 17. Juli entspräche in den Jahren -1868/65 dem IV. *prt* 16, eine Periode früher ginge die Sothis wahrscheinlich schon am 16. Juli auf; dieser Tag, 15. Juli Sonnenaufgang bis 16. Juli Sonnenaufgang entspricht dem IV. *prt* 16 in den Jahren -3324/21[12].

9 op. cit., S. 85. Er stellt die Frage, ob ein Vorläufer des Textes U der Voraussage des Illahunpapyrus zugrunde lag. Auf S. 96-7 lehnt er den Vorschlag ab und spricht sich für die Beobachtung anderer Himmelsereignisse aus (heliakischer Untergang des Sirius, Aufgang von γ, ζ oder $\varkappa$ Orionis), die ihrerseits wieder einen bestimmten Abstand vom Sothisaufgang hatten. M.E. ist das viel zu kompliziert gedacht. Der Sothisaufgang ließ sich im ägyptischen Kalender bei gutem Wetter jeweils 4 Jahre lang am gleichen Tag beobachten, dann verschiebt sich der Aufgang um einen Tag nach vorn. Diese Tatsache ist dermaßen simpel, daß eine Vorhersage für jedermann auf Jahre hinaus möglich war. Nun kann es natürlich sein, daß es bisweilen kein gutes Wetter hatte, aber diesem Umstand kann man doch nicht dadurch entgehen, daß man ein anderes, wiederum wetterabhängiges Himmelsereignis beobachtet und dann irgendwelche Differenzrechnungen anstellt. Das Naheliegenste ist, und soviel praktischen Verstand wird man den Ägyptern wohl zutrauen können, daß man über einen gewissen Zeitraum den Zeitpunkt des Sothisaufgangs notierte. Spätestens nach 20 Jahren wird man hinter das einfache Prinzip gekommen sein, sodaß man für Vorhersagen keine Beobachtungen mehr brauchte.

10 Am deutlichsten vielleicht Hornung in GM 17, 1975, 35-7.

11 Die Information "Kulmination zur ersten Nachtstunde" am III. *ꜣḫt* 6 ist weniger hilfreich, da die "erste Nachtstunde" keinen klar definierten Zeitpunkt darstellt.

12 Vgl. NAC I, § 18, 1. Es handelt sich hier um Überschlagsrechnungen für den Beobachtungsort Memphis.

zu (2): Eine Unsichtbarkeitsperiode von 70 ägyptischen Kalendertagen entspricht ungefähr 70.5 Tagen (Untergang am Abend des Tages x, Aufgang am Morgen des Tages x + 70). +/- 1 Tag gerechnet, fällt eine Unsichtbarkeitsperiode in die Jahre von -3500 bis -3000[13]. Die zweite Bedingung läßt das MR-Datum ausscheiden (Unsichtbarkeitsdauer etwa 66 Tage für Memphis, für jeden Breitengrad weiter südlich ungefähr 2 Tage weniger), dagegen fallen die Jahre -3324/21 in den berechneten Zeitraum.

zu (3) Wenn der IV. *prt* 16 -3324/21 dem 15. Juli Sonnenaufgang - 16. Juli Sonnenaufgang entspricht, dann fällt der I. *ꜣḫt* 1 derselben Jahre auf den 2./3. Dezember. Das markante Ereignis könnte an diesem Tag die Kulmination der Sothis um Mitternacht[14] darstellen, eine erste Versuchsrechnung für -3324 ergibt eine Kulmination um 23^h 49^m, Mitternacht war um 23^h 54^m[15].

Es erscheint lohnend, einmal sämtliche Werte für die in Frage kommenden Jahre zu berechnen und in einer Tabelle zusammenzufassen[16].

13 In JEA 55, 1969, 38. 100 Jahre mehr oder weniger spielen hierbei keine Rolle. Diese Werte gelten freilich für eine geographische Breite 30° (Memphis/Heliopolis). Für Elephantine ist diese Zahl um ungefähr 15 Tage zu reduzieren, d.h. eine Unsichtbarkeitsperiode von rund 55 Tagen. Es ist rätselhaft, wieso Krauss, Sothis- und Monddaten auf S. 61 die Tabelle von Ingham abdruckt, in Anm. 2 sogar noch auf diesen Umstand hinweist, dann aber auf S. 63 zu einem zehnseitigen Kapitel ansetzt, in dem er die Behauptung eines ursprünglichen Bezugsorts Elephantine aufstellt, der sich dann im Laufe der Zeit nach Norden verlagert hätte. Eine sich durch die ganze ägyptische Geschichte hindurchziehende dogmatische Festsetzung der Unsichtbarkeit der Sothis auf 70 Tage in astronomischen und mythologischen Texten (Stichworte: P. Carlsberg I; Dauer der Balsamierung) hat doch nur dann einen Sinn, wenn die Unsichtbarkeitsdauer tatsächlich einmal 70 Tage betragen hatte. Es erscheint unwahrscheinlich, man hätte die in Elephantine zu beobachtenden 55 Tage auf 70 aufgerundet, gerade angesichts der Alternative Memphis, wo die 70 Tage zur Entstehungszeit des ägyptischen Kalenders der Realität entsprechen.

14 Für die besondere Bedeutung einer Kulmination um Mitternacht vgl. das "Fest des Großen Bären" im Kapitel über die Tagewählkalender, das Senenmutgrab und den Abschnitt über die Orientierung des Edfutempels.

15 Rechnung nach NAC I, § 16, VI.

16 Rechnung nach NAC I, § 18 (Sothisaufgang und arcus visionis); NTAC III, § 24 (Untergang; als arcus visionis wird jeweils 1° weniger als beim Aufgang angenommen, vgl. NAC II, Tafel E 64); NAC I, § 16, VI (Kulmination, Rechnung von -3328 bis -3325 für den 3./4. Dez., von -3324 bis -3321 für den 2./3. Dez. und von -3320 bis -3317 für den 1./2. Dez.).

Jahr	Sothisaufg. am IV. *prt* 16 entspricht	arcus visionis β	hel. Unterg. am	Diff. in Tagen	Kulm. Sothis am I. *ꜣḫt* 1	Mitternacht
-3328	17. Juli	$9^{o}.6 < \beta < 10^{o}.3$	5. Mai	72	23.44	23.54
-3327	17. Juli	$9^{o}.4 < \beta < 10^{o}.1$	5. Mai	72	23.46	23.54
-3326	17. Juli	$9^{o}.2 < \beta < 9^{o}.9$	5. Mai	72	23.46	23.54
-3325	17. Juli	$9^{o}.0 < \beta < 9^{o}.8$	6. Mai	71	23.47	23.54
-3324	16. Juli	$8^{o}.8 < \beta < 9^{o}.6$	5. Mai	71	23.48	23.54
-3323	16. Juli	$8^{o}.7 < \beta < 9^{o}.4$	6. Mai	70	23.49	23.54
-3322	16. Juli	$8^{o}.5 < \beta < 9^{o}.2$	6. Mai	70	23.50	23.54
-3321	16. Juli	$8^{o}.3 < \beta < 9^{o}.0$	7. Mai	69	23.51	23.54
-3320	15. Juli	$8^{o}.1 < \beta < 8^{o}.8$	6. Mai	69	23.53	23.54
-3319	15. Juli	$7^{o}.9 < \beta < 8^{o}.6$	6. Mai	69	23.53	23.54
-3318	15. Juli	$7^{o}.8 < \beta < 8^{o}.5$	7. Mai	68	23.55	23.54
-3317	15. Juli	$7^{o}.6 < \beta < 8^{o}.3$	7. Mai	68	23.56	23.54

Es stechen die beiden Jahre -3323 und -3322 hervor. In diesen beiden Jahren war die Differenz zwischen Sothisuntergang und -aufgang genau 70 Tage bei einem arcus visionis von $9^{o}.3$ bzw. $9^{o}.1$. Diese Werte um die 9° entsprechen denen, die sich auch aus anderen Rechnungen wie bei den Tagewählkalendern, dem Senenmutgrab oder dem Papyrus Ebers ergaben[17]. Die Differenz zwischen der Kulmination der Sothis am I. *ꜣḫt* 1 und der Mitternacht beträgt in beiden Jahren nur 4-5 Minuten. Hierbei ist aber noch folgendes zu beachten: Der normale idealisierte bürgerliche Kalender ist so definiert, daß der Sothisaufgang das Neujahr verkündet, d.h. das astronomische Ereignis fällt kalendermäßig auf den letzten Tag des alten Jahres. Überträgt man diesen Umstand auf den vorliegenden Kalender, so wäre die Kulmination der Sothis am Vortag des "I. *ꜣḫt* 1" maßgebend. Da eine Kulmination pro Tag 4 Minuten eher erfolgt, wären den $23^{h}\ 49^{m}$ bzw. $23^{h}\ 50^{m}$ jeweils 4 Minuten für den Vortag hinzuzuzählen, d.h. man käme auf $23^{h}\ 53^{m}$ und $23^{h}\ 54^{m}$, den exakten Zeitpunkt der Mitternacht.

3. Ergebnisse und Schlußfolgerungen

a) Die Übereinstimmungen sind derartig frappant, daß die folgenden Schlußfolgerungen zwingend erscheinen. Im Nutbild (Text U) ist ein antiker Kalender überliefert, der so definiert war, daß die Kulmination der Sothis um Mitternacht das neue Jahr verkündete, Entstehungszeit dieses Kalenders war das Jahr -3323 oder -3322. In diesen beiden Jahren fiel der heliakische Untergang der Sothis auf den 6. Mai, der Aufgang auf den 16. Juli, bei einem arcus visionis von rund 8° für den Untergang und 9° für den Aufgang. Die Zeitdistanz dieser beiden Ereignisse beträgt 70 ägyptische Kalendertage, dieser

17 Vgl. die Zusammenstellung aller erschlossenen arci visionis im astronomischen Schlußkapitel.

Zeitraum wurde für über 3000 Jahre in Astronomie und Mythologie weitertradiert, obwohl er schon im MR um gute vier Tage davon abwich.
Interessant und recht unerwartet ist das absolute Datum aus dem Ende des 34. vorchristlichen Jahrhunderts. Eine Berechnung der einzelnen Ereignisse zur Zeit des Neuen Reiches scheint ausgeschlossen, der Kalender muß auf einer Tradierung beruhen, wobei die Tradition zweier Werte ausgereicht hätte, nämlich die Zeitdifferenz "Kulmination um Mitternacht" - Sothisuntergang und die Differenz Untergang - Aufgang. Eine Tradierung aber setzt voraus, daß der Kalender tatsächlich einmal existiert hat, und dieser Umstand führt direkt zu den Entstehungstheorien des altägyptischen Kalenders.
b)
aa) Rekapituliert man, was mit Sicherheit über den bürgerlichen Kalender bekannt ist, so kommt man etwa zu folgendem: Der bürgerliche Kalender besteht aus 3 Jahreszeiten zu je 4 Monaten mit jeweils 30 Tagen, dazu kommen 5 Zusatztage (Epagomene), insgesamt besteht das Jahr aus 365 Tagen. Die Namen der Jahreszeiten entsprechen den natürlichen Vegetationsbedingungen Ägyptens. Zu dem Zeitpunkt, an dem die Namen dem Kalendersystem zugeordnet wurden, müssen die kalendarischen Jahreszeiten den tatsächlichen entsprochen haben, der Zeitpunkt fällt ungefähr auf den Anfang des 3. vorchristlichen Jahrtausends. Desweiteren war der Kalender dogmatisch so festgelegt, daß der Frühaufgang des Sirius in der letzten Stunde des alten Jahres das Neujahr verkündete, diese Festsetzung muß im Augenblick ihrer Einführung der Realität entsprochen haben. Das Ereignis ist zurückrechenbar und wird Apokatastasis genannt, es fällt nach den konventionellen Rechnungen in die absoluten Jahre -2772/69, das genaue Jahr spielt im Moment keine Rolle.
Damit ist alles ausgesagt, was man über den bürgerlichen Kalender mit Sicherheit weiß, alles weitere, insbesondere die Verhältnisse vor dieser Apokatastasis, ist Gegenstand der Spekulation.
bb) Zunächst ist eine Grundsatzentscheidung zu fällen. Oben war das Phänomen "bürgerlicher Kalender" bereits in drei Merkmale zerlegt worden.
(1) Kalendergerüst (12 Monate zu jeweils 30 Tagen + 5 Zusatztage)
(2) Namen (der Jahreszeiten)
(3) idealisierter Nullpunkt (Sothisfrühaufgang).
Entscheidet man sich dafür, daß alle drei Merkmale zusammen das System "bürgerlicher Kalender" bilden, so fällt die Einführung dieses Systems auf eine Apokatastasis. Hält man es ferner für sicher, daß der bürgerliche Kalender schon vor der Apokatastasis der Jahre -2772/69 existierte, so bleibt einem wie Ed. Meyer oder L. Borchardt kaum etwas anderes übrig, als eine Entstehungszeit eine Sothisperiode früher um -4240 anzunehmen. Diese strenge Bindung des bürgerlichen Kalenders an alle drei Merkmale wurde 1938 von Otto Neugebauer kritisiert[18], seit dieser Zeit wird von allen Theoretikern das Merkmal (3) preisgegeben. Eisern festgehalten wird aber am Merkmal (2), nämlich daß

18 Kurzfassung der Forschungsgeschichte bei Parker, Calendars, Kapitel 4.

der bürgerliche Kalender zu 365 Tagen bei seiner Entstehung mit dem Überschwemmungsbeginn zusammenfiel, mithin die erste Jahreszeit den Namen *ꜣḫt* : Überschwemmung erhielt. Warum das so sein muß, wird nicht näher ausgeführt; Daten, die sicher vor der Apokatastasis des 28. Jahrhunderts liegen und gleichzeitig das System der Zählung nach den Jahreszeiten verwenden, sind meines Wissens nicht bekannt[19]. Was vorgebracht wird, sind außer allgemeinen Hinweisen auf die Funktionsfähigkeit der Staatsverwaltung[20] lediglich einige auf den Tag genaue Zeitangaben des Palermosteins, aber die setzen allenfalls irgendein Jahr zu 365 Tagen voraus. Auf welche Weise die alten Ägypter diese Jahreslänge bestimmten, ist unbekannt, es gibt sicher ein Dutzend Möglichkeiten, mit denen man auf einfache Weise innerhalb von 10 - 20 Jahren auf eine Jahreslänge von 365 Tagen, wahrscheinlich sogar schon eher auf eine von 365 1/4 Tagen kommen konnte. Es ist zwar legitim, Vorschläge zu machen (Neugebauer: Beobachtung des Überschwemmungsbeginns über maximal 50 Jahre; Parker: Beobachtung von Mondjahren (Calendars § 265)), es ist aber nicht korrekt, anzunehmen, die Ägypter hätten es tatsächlich auf die jeweils vorgeschlagene Methode gemacht und dann über diese Methode den Einführungszeitpunkt des Kalenders zu bestimmen.
An diesem Punkt setzt die Kritik an Parker[21] ein, der eine Einführung des bürgerlichen Kalenders ungefähr zwischen -2936 und -2820 postuliert. Er gelangt zu diesen Grenzwerten über die Bindung des bürgerlichen Kalenders an den von ihm so genannten

19 Das oft zitierte Elfenbeintäfelchen aus der 1. Dynastie (Abb. bei Parker, Calendars, S. 34) belegt allenfalls eine Verbindung der Sothis mit der Überschwemmung, vom bürgerlichen Kalender ist dort nicht die Rede, vg. aber Godron, BIFAO 58, 1958, 143-9.

20 Z.B. Barta in ZÄS 110, 1983, 17. "Während der Frühzeit dagegen kommt man nicht umhin, vom Vorhandensein eines Sothisjahres auszugehen. Denn die Verwaltung des Staates und die Einführung der Annalenschreibung am Anfang der 1. Dynastie setzen ein Kalenderjahr mit fixierter Länge voraus. Dabei kann es sich jedoch noch nicht um den bürgerlichen Kalender des Wandeljahres gehandelt haben, da dieser Kalender frühestens im Jahre 2874 v.Chr. eingerichtet worden ist, also am Anfang der 1. Dynastie um 3050 v.Chr. noch nicht in Gebrauch gewesen sein kann." Analog könnte man folgern: Die islamischen Reiche des Mittelalters besaßen noch nicht den bürgerlichen Kalender. Also muß man davon ausgehen, daß sie einen Sothiskalender besaßen, ansonsten wäre ihre Staatsverwaltung zusammengebrochen. - Bartas Theorie eines Sothisjahres ist in dieser Form nicht beweisbar.

21 Calendars, §§ 265ff, ähnlich v. Beckerath, Saeculum 37, 1986, 3. Derselbe methodische Fehler bei Barta, ZÄS 110, 1983, 17: "Lehnt man nun die Existenz eines bürgerlichen Kalenders des Sothisjahres ab, so wäre der bürgerliche Kalender des Wandeljahres nur in Anlehnung an das Mondjahr zu konzipieren gewesen, da sich hierfür das veränderliche und in seiner Dauer schwankende Niljahr nicht eignete." - Die Verwendung des Wörtchens "nur" ist nicht korrekt, seine ganzen Schlußfolgerungen, die er aus dem Satz ziehen möchte, sind zu streichen.

ursprünglichen Mondkalender (original/old lunar calendar). Dessen Schaltregel ist so definiert, daß immer dann ein Schaltmonat namens *Ḏḥwtyt* eingeschoben wird, wenn der Anfang des ersten Monats innerhalb von 11 Tage vom Sothisaufgang (*wp-rnpt*) an fällt, da ansonsten der Sothisaufgang des nächsten Jahres nicht mehr in den letzten Mondmonat *wp-rnpt* fiele[22]. Der erste Jahrestag (*tpy rnpt*) könne also minimal 12, maximal (mit Schaltmonat) 41 Tage vom Sothisaufgang entfernt sein. Aus diesen Werten für den Sothisaufgang wird dann die Entstehungszeit des bürgerlichen Kalenders berechnet. Hierzu ist zweierlei zu sagen:

(1) Selbst wenn es einen solchermaßen definierten Mondkalender gegeben hat, so folgt daraus noch lange nicht, daß er bei der Einführung eines 365-tägigen Jahres eine Rolle spielte. Dieses Jahr konnte auf beliebige Weise bestimmt werden[23], und dieses Jahr mit seinen 12 Monaten und 5 Zusatztagen konnte irgendwann in der ägyptischen Vorzeit eingeführt worden sein. Jede unterschiedliche Methode zur Bestimmung der Jahreslänge würde einen anderen Neujahrstag definieren und jeder andere Neujahrstag würde bei Rückrechnungen andere Daten für die Einführung des Kalenders liefern. Da es keine Möglichkeit gibt, an die für Rückrechnungen benötigten Informationen heranzukommen, kann man an dieser Stelle die Diskussion abbrechen, die Frage ist interessant, aber nicht lösbar[24].

(2) Es werden hier generell die Nachweismöglichkeiten für einen derart definierten Mondkalender in altägyptischer Zeit angezweifelt. Parker ging seinerzeit so vor, daß er den real existierenden Lunistellarkalender der Loango, eines Stammes an der afrikanischen Westküste, südlich des Äquator, auf Ägypten übertrug und dann versuchte, diesen so bestimmten Kalender in ägyptischen Quellen nachzuweisen[25]. Gegen dieses Verfahren ist an sich nichts einzuwenden; wenn der Nachweis glückt, wird man die Hypothese akzeptieren. Parker bringt nacheinander folgende Argumente:

- Die Festlisten in den Mastabas des AR lassen, da die einzelnen Feste chronologisch geordnet sind, Schlüsse über das an zweiter Stelle sehende *Ḏḥwtyt* zu, das nach Parker

22 Parker, Calendars, § 151.

23 Z.B. durch Auf- und Untergänge verschiedener Sterne; Bestimmung der Tag- und Nachtgleichen (Aufgangsort der Sonne genau im Osten); Bestimmung der Sommer- oder Wintersonnenwende (Schattenlänge am Mittag am kleinsten/größten) usw..

24 Die simple Tatsache, daß das Jahr in 12 Monate zu 30 Tagen eingeteilt ist, bringt einen nicht weiter. Natürlich ist ein Monat mit 30 Tagen nach dem Vorbild eines Mondmonats geschaffen worden, das belegt die Zahl 30 und obendrein die Form der Monatshieroglyphe, nur sagt das weder etwas aus über die Art des Mondkalenders noch darüber, ob überhaupt ein fester Mondkalender in Gebrauch war, genauso denkbar wäre beispielsweise ein Sonnenjahr, das zur weiteren Unterteilung dann in "Monate" untergliedert wird.

25 Parker, Calendars, §§ 150-4.

das Fest des Schaltmonats des älteren Mondkalenders ist[26]. - Das Ganze ist lediglich eine Behauptung Parkers. *Ḏḥwtyt* kann ein beliebiges Thothfest, mit oder ohne astronomische Bindung, sein, das zwischen die Tage *wp-rnpt*, selbst, da mehrdeutig, nicht exakt bestimmt und *tpy rnpt* fällt[27].

- Monddaten und Wagfeste in den Illahunpapyri: Solange nicht das Material in toto veröffentlicht ist, wird sich der Verfasser nicht zu der Frage äußern, um was für einen Mondkalender es sich handelt und wie seine Schaltregel beschaffen ist[28].

- Der Eberskalender[29]: Im Kapitel über den Monatsnamen *wpt-rnpt* wurde deutlich gemacht, daß der Eberskalender mitnichten Mondmonate enthält, d.h. er kann auch nicht mehr als Kronzeuge eines original lunar calendar dienen.

- Die astronomische Decke im Grab des Senenmut[30]: Bei den dort erhaltenen 12 Monaten handelt es sich nicht um Mondmonate, vgl. das Kapitel über das Senenmutgrab.

- Die astronomische Decke des Ramesseums[31]: Bei den 13 Feldern im oberen Register wird das leere Feld nicht den 13. Schaltmonat repräsentieren, sondern höchstwahrscheinlich die Epagomenen[32], daß der weiter unten sitzende Pavian Parkers postulierten Schaltmonat wiedergibt, ist eine reine Behauptung; man muß sich noch einmal vergegenwärtigen, daß es bisjetzt keinen einzigen Text gibt, der einen solchen Schaltmonat namens *Ḏḥwtyt* erwähnt.

Zusammenfassend läßt sich sagen, daß es bislang keinen Nachweis des von Parker postulierten ursprünglichen Mondkalenders gibt, was ein zweiter Grund ist, seine Theorie von der Entstehung des bürgerlichen Kalenders abzulehnen.

c) Eigene Theorie:

Spätestens um -3323/2[33] war ein Kalender mit 365 Tagen in Gebrauch. Der Kalender war so definiert, daß die Kulmination des Sirius um Mitternacht den Neujahrstag verkündete. Übereinstimmung zwischen idealisiertem und tatsächlichem Jahr herrschte um -3323/2. Ob es davor schon einen Kalender mit einem 365-tägigen Jahr gab, ist möglich, aber unbekannt. Gleichermaßen unbekannt ist, ob der Kalender schon eine Einteilung

26 Calendars, §§ 176ff.

27 Barta in GM 47, 1981, 10-1 lehnt Parker ebenfalls ab und meint seinerseits, daß es sich bei *Ḏḥwtyt* um den Neujahrstag des Wandeljahres handele. Hier wird nur eine Spekulation durch die andere ersetzt; man muß klar sagen, daß das Material nicht ausreicht, um diese Frage zu beantworten. Vgl. auch Gardiner in RdE 10, 1955, 22ff.

28 Literatur: Parker, Calendars, §§ 182ff; ders. in Fs Hughes, SAOC 39, Chicago 1976, 183f; Krauss, Sothis- und Monddaten, HÄB 20, Hildesheim, 1985, 77ff.

29 Parker, Calendars, §§ 188ff.

30 Calendars, §§ 220ff.

31 Calendars, §§ 224ff. Abb. EAT III, pl. 5.

32 Gardiner, RdE 10, 1955, 27. Vgl. auch schon die beiden vorhergehenden Seiten.

33 Zu diesem frühen Datum vgl. jetzt den Aufsatz von Kaiser über die Entstehung des gesamtägyptischen Staates in MDAIK 46, 1990, 287-99.

in drei Jahreszeiten besaß und wie die Namen der einzelnen Monate lauteten. Idealisierter und tatsächlicher Kalender fielen alle 4 Jahre um einen Tag weiter auseinander, um -2770 erfolgte eine Änderung des idealisierten Neujahrstages[34]. Maßgebend war nicht mehr die mitternächtliche Kulmination des Sirius, sondern sein Frühaufgang[35], ungefähr in diese Zeit fiel auch die seither gültige Benennung der Jahreszeiten.

Das ist m.E. alles, was man über die Entstehung des ägyptischen Kalenders sagen kann; irgendwelche Verknüpfungen zwischen Schrifterfindung, Staatsverwaltung und Kalenderentstehung herzustellen, sollte man besser unterlassen, da sie in keiner Form beweisbar sind. Insbesondere bedarf es keiner Schrift zur Feststellung der Jahreslänge von 365 Tagen, ein Sack Kieselsteine o.ä. tut es auch.

34 Rein theoretisch kann es auch dazwischen noch Änderungen gegeben haben, aber solche Spekulationen sind ohne Nachweismöglichkeiten müßig.

35 U.U. kam auch noch die Bindung an das Sommersolstitium hinzu, das zu der Zeit auf den gleichen Tag wie der Siriusaufgang fiel; vgl. für einen solchen Kalender den Exkurs über die Sonnenbahn im römischen Mammisi von Dendera im Kapitel über die Tagewählkalender und im Kapitel über die Monddaten Thutmosis III. den Abschnitt über die Orientierung des Karnaktempels.

VI. Die Orientierung ägyptischer Tempel nach dem Sothisaufgang

1. Der Hathortempel von Dendera ($\varphi = 26^{o}.1$)

Nach einer kürzlich veröffentlichten Inschrift[1] begannen die Bauarbeiten des Denderatempels am 14. Epiphi des 27. Jahres Ptolemaios XII Auletes, dieses Datum entspricht dem 16. Juli -53 Sonnenaufgang bis 17. Juli Sonnenaufgang (jul.). Der Sothisaufgang in Dendera fiel in diesem Jahr auf den 17. Juli bei einem angenommenen arcus visionis von $10^{o}.1$ bis $11^{o}.0$[2]. Der verhältnismäßig hohe Sehungsbogen wird einen praktischen Hintergrund haben. Will man ein Gebäude auf den Aufgangsort eines Sterns hin orientieren, muß dieser wenigstens eine gewisse Zeit zu sehen sein, ein ganz kurzes Aufflackern in der Dämmerung wird nicht ausreichen, den Helfer mit dem Fluchtstab richtig einzuweisen.

Das Azimut des Siriusaufgangs in Dendera betrug in dem entsprechendem Jahr $72^{o}.4$ Süd über Ost nach Nord für den ebenen Horizont[3]. Ist der Horizont nicht völlig eben, wird sich das Azimut noch etwas verkleinern[4]. Das Azimut der Querachse des Haupttempels, das dem der Längsachse der beiden Mammisis entspricht, wurde am 16.3.88 mittels eines ölgelagerten Linseatikkompasses, befestigt auf einem unmagnetischem Stativ, ermittelt[5].

Messung 1 (von der Mitte der Tür vom Hof zum vorderen Säulensaal wurde die linke bzw. rechte Türkante des Allerheiligsten angepeilt sowie die Mitte dessen Rückwand):

Mitte: $195^{o}.5$

linke Ecke: $194^{o}.0$

rechte Ecke: $198^{o}.0$, Durchschnitt: $196^{o}.0$.

Messung 2 (von der Mitte der Tür vom vorderen zum hinteren Säulensaal auf die Türkanten des Allerheiligsten):

Linke Ecke: $189^{o}.0$

rechte Ecke: $202^{o}.0$, Durchschnitt: $195^{o}.5$.

1 H.I. Amer und B. Morardet in: ASAE 69, 1983, 255-8. D. Devauchelle, RdE 36, 1985, 172-4 bezweifelt, daß es sich bei diesen Daten um die erste Gründung des Denderatempels handelt. Für das Folgende spielt es keine Rolle, ob es sich um die erste oder zweite Zeremonie handelt, ist der Tempel erst einmal auf einen bestimmten Stern hin orientiert, so bleibt er das auch für mehrere Jahrhunderte. Vgl. auch weiter unten den Abschnitt über den Edfutempel, wo die erste und zweite Gründungszeremonie jeweils an einem Tag stattfand, an dem ein Stern des Großen Bären um Mitternacht seine untere Kulmination erreichte.

2 Rechnung nach NAC,I, § 18, II und IV. ($t_1 = 17.72$; $t_2 = 0.78$; $t_3 = -3.64$, d.h. $T = 14.86$; $t_0 = 16.18$; für Aufgang am 17. Juli muß gelten $T > t_0 = 16.18$. Für die Bestimmung des arcus visionis gilt die Ungleichung $16.18 < T < 17.18$ mit $T' = T + t_5(\beta' - 9^{o}.0)$ mit $t_5 = 1^{o}.17$. Die Ungleichung ist er erfüllt für alle β' von $10^{o}.1$ bis $11^{o}.0.$).

3 NTAC, III, § 19.

4 Vgl. NAC, I, § 16, IX.

5 Mein Dank gilt den Teilnehmern meiner Reisegruppe, dem Architekten Herrn Schröder und Frau Engel und Herrn Philippus.

Messung 3 (von der Mitte der Tür zum Allerheiligsten zur Tür zum Hof):
Linke Ecke: $12^{o}.0$
rechte Ecke: $18^{o}.0$, Durchschnitt: $15^{o}.0$.
Messung 4 (von der Mitte der Tür zum Allerheiligsten zur Tür vom hinteren zum vorderen Säulensaal):
Linke Ecke: $6^{o}.5$
rechte Ecke: $22^{o}.2$, Durchschnitt: $14^{o}.4$.
Durchschnitt insgesamt $15^{o}.3$ Abweichung vom magnetischen Norden nach Osten. Hinzu kommt die Mißweisung von $+2^{o}.2$[6], sodaß die Tempelachse $17^{o}.5$ (+/- 1°) von Norden nach Osten abweicht, die Querachse und die Hauptachsen der beiden Geburtshäuser $17^{o}.5$ von Osten nach Süden bzw. $72^{o}.5$ (+/- 1°) Süd über Ost nach Nord. Dieser Mittelwert stimmt mit den oben errechneten $72^{o}.4$ wahrscheinlich besser überein, als es tatsächlich der Fall ist. Bei eigenen Versuchen konnten 1926 Borchardt u.a. den heliakischen Frühaufgang des Sirius erst in einer Höhe von ungefähr 2° beobachten[7], d.h. das berechnete Azimut wäre auch schätzungsweise um 2° zu reduzieren. Bei einer mitten in der Nacht gemachten Beobachtung fiele diese Korrektur weg, der Aufgang des Sirius wäre direkt im scheinbaren Horizont zu beobachten[8]. Dieses Wissen werden auch die Ägypter gehabt haben und man muß mit der Möglichkeit rechnen, daß sie den unvermeidlichen Beobachtungsfehler zur Zeit des Frühaufgangs korrigiert haben, etwa durch Einschlagen der Fluchtstäbe einige Monate vorher, als Sirius irgendwann in der Nacht aufging, oder durch einfaches Extrapolieren. Klarheit darüber könnte nur eine wirklich exakte Vermessung der Tempelachse liefern; daß die Querachse des Haupttempels und die Hauptachse der Geburtshäuser auf den Sothisaufgang hin ausgerichtet sind, scheint gerade in Verbindung mit dem Baudatum sicher zu sein.

2. Der große Pylon in Philae (φ = $24^{o}.0$)
Datum des Strickspannens: III. *šmw* 12 des Jahres x Ptolemaios XII Auletes (Neos Dionysos)[9]. Ptolemaios XII. regierte vom Juli -79 bis zum 11. Juli -57 und vom 22. April -54 bis zum 22. März -50[10]. Der III. *šmw* 12 kann also entsprechen:
im 1. Regierungsjahr dem 20. Juli Sonnenaufgang - 21. Juli Sonnenaufgang
im 29. Regierungsjahr dem 13. Juli Sonnenaufgang - 14. Juli Sonnenaufgang[11].
Sothisaufgang für Philae für -65 (Regierungsmitte): 13. Juli (jul.) bei β (arcus visionis) =

6 Die Berechnung der Mißweisung für Dendera, März 1988 wird Herrn Lutz Wendorff, Institut für Geophysik, Göttingen, verdankt.
7 OLZ 30, 1927, 441-8.
8 NAC, I, § 16, IX, S. 144f.
9 Philae I, 121.
10 Skeat, Reigns of the Ptolemies, München, 1969^{2}, 17f.
11 Umrechnung nach den Tafeln von Skeat, op.cit..

9°.0. Aufgang am 14. Juli bei einem Sehungsbogen von 9°.6 bis 10°.4[12]. U.U. muß man bei einer Tempelgründung sogar noch mit einem höheren arcus visionis rechnen[13], deswegen seien auch noch die Werte für den nächsten Tag gegeben: Ein Aufgang am 15. Juli entspricht 10°.5 $< \beta <$ 11°.3. Insgesamt läßt sich jetzt schon sagen, wenn der Sothisaufgang bei der Tempelgründung eine Rolle spielte, so erfolgte diese im zweiten Regierungsabschnitt Ptolemaios XII., nach seiner Rückkehr aus Rom im Jahr -54, in den Regierungsjahren 26 bis 29, d.h. u.U. zur gleichen Zeit wie die Grundsteinlegung von Dendera (im Jahr 27).

Das Azimut des Siriusaufgangs beträgt 72°.7 Süd über Ost für den ebenen Horizont, ein Wert, der mit erhöhtem Horizont niedriger werden wird[14]. Das Azimut der Tempelachse des großen Pylons beträgt nach Lyons[15] 73°.5 S of W, d.h. das Azimut der Querachse 73°.5 Süd über Ost. Folglich wäre die Genauigkeit der Orientierung nur ungefähr 1°.5; eine erstaunliche hohe Abweichung, die, will man die angeführte Theorie nicht ganz verwerfen, ihren Grund in der nur kurzen und schwachen Sichtbarkeit des Sterns bei seinem Frühaufgang haben wird.

3. Die Kapelle mit Pfeilerumgang beim Muttempel

Die Bauzeit fällt den Grundsteinbeigaben nach in die gemeinsame Regierungszeit der Hatschepsut und Thutmosis III[16]. Das Azimut des Siriusaufgangs beträgt für -1470 70°.2 Süd über Ost nach Nord[17] für den ebenen Horizont. Dieser Wert ist für den tatsächlichen Horizont noch ein wenig nach unten zu korrigieren, er dürfte dann zwischen 69°.5 und 70°.1 liegen[18]. Borchardt gibt in seinem Plan ein Azimut von 70°.1 Süd über Ost, bezogen auf den magnetischen Norden von 1937. Die Mißweisung betrug für dieses Jahr -0°.5[19], d.h. man wird von einem Achsenazimut von ungefähr 69°.6 ausgehen dürfen, d.h. die Tempelachse ist auf den damaligen Ort des Sothisaufgangs hin ausgerichtet.

12 NAC, I, § 18, II und IV.

13 Vgl. den vorausgehenden Abschnitt über Dendera.

14 NTAC, III, § 19 (Genauigkeit des Resultats: +/- 0°.3).

15 A Report on the Island and Temples of Philae, Cairo, 1908, 47.

16 L. Borchardt, Ägyptische Tempel mit Umgang, Beitr. Bauforschung, Heft 2, Kairo, 1932, 82.

17 NTAC, III, § 19.

18 Borchardt, OLZ 30, 1927, 441-2 gibt von seinem Beobachtungspunkt "Deutsches Haus" in Theben-West die Höhe der niedrigen Berge des Osthorizonts, sie liegt zwischen 0°.1 und 0°.7. Die genaue Berechnung ist hierbei überflüssig, da die Rechengenauigkeit selber nur bei +/- 0°.3 liegt, NTAC, III, § 19, e.

19 Nach E.H. Vestine, Description of the Earth's Main Magnetic Field and its Secular Change, 1905 - 1945, Carnegie Institution of Washington Publication 578, Washington D.C., 1948, 478 in Verbindung mit Tafel 19 auf S. 294.

VII. Der Edfutempel und die Orientierung nach dem Großen Bären (*msḫtyw*)

1. Die Texte

Mehrere Texte berichten über die Zeremonie bei der Tempelgründung von Edfu; sie belegen, daß für die Orientierung des Heiligtums die Sterne des Großen Bären (*msḫtyw*) beobachtet wurden. Žába stellte die einschlägigen Texte zusammen[1], zur Illustration seien hier nochmal zwei Inschriften wiedergegeben.

Die Texte:

A a (= Edfou II,31):

(sic)

A b (= Edfou VII,44):

Übersetzung:

A a: "Ich nehme den Fluchtstab und ich ergreife den Griff des Schlägels. Ich messe mit Seschat. Ich wende mein Gesicht dem Lauf der Sterne zu. Ich lasse meine Augen zum Großen Bären (*msḫtyw*) gelangen, indem *Sk-ꜥḥꜥ* ("Der die Zeit anzeigt" = Thoth)[2] neben seinem Winkellot (*mrḫt*)[3] ist. Ich lege die vier Ecken deines Tempels fest."

A b: "Ich ergreife den Fluchtstab und den Griff des Schlägels. Ich messe mit Seschat. Ich sehe den Lauf entsprechend der Bewegung der Sterne, nachdem ich den Großen Bären (*msḫtyw*) erblickt habe. Zu mir gehört der *Sk-ꜥḥꜥ*, der das Winkellot prüft. Ich lege die vier Ecken deines Tempels fest."

1 L'orientation astronomique dans l'ancienne Égypte et la précession de l'axe du monde, Archiv Orientální Supplementa II, 1953, Tafel II–III, Übersetzung auf den Seiten 58ff.

2 Hinweis auf eine Wasseruhr, vgl. Žába, 63f.

3 Abb. bei Stadelmann, Die ägyptischen Pyramiden, Mainz, 1985, 218.

2. Rechnungen

Diese Inschriften wurden schon früh bearbeitet, Zaba gibt einen ausführlichen wissenschaftsgeschichtlichen Überblick[4], bevor er dann sechs verschiedene Methoden diskutiert und eigene Vorschläge macht[5]. Das Verfahren läßt sich für den Edfutempel[6] abkürzen. Die Baudaten sind seit hundert Jahren bekannt[7], zusätzlich weiß man, daß die Tempelachse ziemlich genau Süd - Nord orientiert ist und daß beim Ritual des Strickspannens die Beobachtung des Großen Bären eine Rolle spielt. Die Rechnung ergibt folgendes:

Baudatum: Ptolemaios III Euergetes I, Jahr 10, III. *šmw* 7 entspricht -236 23. August Sonnenaufgang bis 24. August Sonnenaufgang[8].

Untere Kulmination δ Ursae majoris für die Nacht vom 23. auf den 24. August -236: 23^h 58^m, Mitternacht: 0^h 01^m[9].

Eine weitere Gründungszeremonie fand nach ägyptischer Jahreszählung genau 25 Jahre später statt, im Jahr 10 Ptolemaios IV Philopator, nochmals am III. *šmw* 7[10]; dies Datum entspricht dem 17. - 18. August (jul.) -211.

Untere Kulmination γ Ursae majoris für die Nacht vom 17. auf den 18. August -211: 23^h 57^m, Mitternacht: 0^h 02^m.

Diese beiden Zahlenpaare dürften ausreichen, um die theoretischen Grundlagen der Tempelgründung von Edfu zu bestimmen: Geplant war, den Tempel in Süd-Nord-Richtung auszurichten, diese Richtung sollte durch die Beobachtung der unteren Kulmination eines Sternes vom Sternbild *msḫtyw* bestimmt werden. Da die exakte Beobachtung einer Kulmination wegen der nur noch geringfügigen Höhenveränderung schwer zu beobachten ist, wählte man eine indirekte Methode. Man wartete auf den Tag, an dem die entsprechen-

4 L'orientation, 26-44.

5 L'orientation, 66-72. Žába bevorzugt seine Möglichkeit Nr. VI. Zwei Positionen eines Zirkumpolarsterns werden bei ihrem Durchgang durch einen künstlichen Horizont (Mauer) beobachtet, die Punkte werden mit dem Beobachtungsstandort zu einem gleichschenkligen Dreieck verbunden, die Halbierung dieses Dreiecks ergibt den Süd-Nord-Meridian. Für diese Methode siehe zuletzt Dorner, Studien über die Bauvermessung und astronomische Orientierung ägyptischer Pyramiden des Alten Reiches. Jahreshefte des Österreichischen Archäologischen Institutes. Beiblatt (Grabungen 1982), Wien, 54, 1983, 24. Žába glaubt auf Grund der Darstellung des Senenmutgrabes, daß der betreffende Stern η Ursae majoris ist.

6 Die folgende Kritik bezieht sich also nur auf dieses Bauwerk, d.h. die Anwendung des von Žába beschriebenen Verfahrens VI auf den Pyramidenbau wird nicht bestritten.

7 Schon Brugsch, Thesaurus, 276. In neuerer Zeit Cauville, S. und Devauchelle, D. in RdE 35, 1984, 31-55.

8 Cauville/Devauchelle, op. cit., 32.

9 NAC I, § 16, VI und NTAC III, Tafel 7.

10 Cauville/Devauchelle, op. cit., 33.

de Himmelserscheinung genau um Mitternacht stattfand, bestimmte diese mit Hilfe einer Wasseruhr und legte sodann die vier Ecken des Tempels fest.

3. Die Durchführung des Rituals

Bei der praktischen Durchführung kam es zu folgenden Ungenauigkeiten. Das Azimut der Tempelachse beträgt

A: nach der Karte in FIFAO X, 1933, Tafel 20 vom 2. März 1933:
3° Abweichung nach Osten (Ableseungenauigkeit maximal 0°.5). Mißweisung für Edfu 1933: -0°.4[11]; d.h. die Abweichung des Azimuts der Tempelachse beträgt nach dieser Karte ungefähr 2°.6 nach Osten (+/- 0°.5).

B: Eigene Messungen vom 20.3.88[12]. Mittels eines ölgelagerten Linseatikkompasses[13], befestigt auf einem unmagnetischem Stativ, wurden jeweils die linken und rechten Ecken der verschiedenen Türen angepeilt, zunächst genau von der Mitte der Tür vom ersten zum zweiten Säulensaal in Richtung Tempelinneres, dann in der umgekehrten Richtung von der Mitte der Tür zum Allerheiligsten.

Meßdaten vom ersten Punkt:

Linke Ecke	-2°.0	-2°.5	-3°.8
Rechte Ecke	+1°.5	+4°.5	+5°.2
Durchschnitt	-0°.25	+1°.0	+0°.7

Meßdaten vom zweiten Punkt:

Linke Ecke	175°	170°	179°.0 (ganz außen Pylon)
Rechte Ecke	188°	194°	184°.8
Durchschnitt	181°.5 (1°.5)	182°.0 (2°.0)	181°.9 (1°.9)

Insgesamt ergibt sich ein Durchschnitt von 1°.14 Abweichung vom magnetischen Norden nach Osten, die Mißweisung betrug +2°.15, d.h. nach diesen Messungen weicht die Achse des Edfutempels ungefähr 3°.3 nach Osten ab (+/- 1°). Dieser Betrag liegt in der Nähe des oben errechneten Wertes von 2°.6, d.h. man wird davon ausgehen können, daß die

11 Gewonnen durch Interpolation aus den Tafeln bei E.H. Vestine u.a., Description of the Earth's Main Magnetic Field and its Secular Change, 1905 - 1945, Washington, 1948, Tafeln S. 478; Tafel 18 auf S. 292; Tafel 19 auf S. 294. Andere Abweichungen des Magnetfeldes können für unsere Zwecke vernachlässigt werden, vgl. Fleming, Terrestrial Magnetism and Electricity, Physics of the Earth VIII, New York, 1949, 34-40. Seine Tafeln belegen, daß die täglichen und jahreszeitlichen Schwankungen im Minutenbereich, maximal im niedrigen zweistelligen Minutenbereich liegen.

12 Ich bedanke mich an dieser Stelle bei den Teilnehmern meiner Reisegruppe, dem Architekten Herrn Schröder und Frau Engel und Herrn Philippus.

13 Eine Vergleichsmessung mit einem Theodoliten im Institut für Geophysik, Göttingen ergab eine Kompaßungenauigkeit von 0°.2. Mein Dank gilt Herrn Mutzel und Herrn Wendorff, der auch die Mißweisung berechnet hat.

Tempelachse um die 3° nach Osten abweicht. Diese Abweichung ist erstaunlich hoch und bedarf einer Erklärung.
Die Richtung der Abweichung ist verständlich. Oben war festgestellt worden, daß die untere Kulmination von δ Ursae majoris schon 3 min vor Mitternacht erfolgte. Begann man mit dem Strickspannen erst um Mitternacht, so stand der Stern nicht mehr exakt im Norden, sondern er war etwas weiter nach Osten gewandert. Je länger das Strickspannen gedauert hätte, desto mehr hätte sich dieser Fehler bemerkbar gemacht. Das allein erklärt aber noch keine Abweichung um ganze 3°. Der Grund für die Ungenauigkeit wird weit einfacher sein. Die Ägypter hatten damals Probleme, den Stern überhaupt zu sehen. Die sieben Sterne des Großen Bären (*msḫtyw*) gehörten zwar in altägyptischer Zeit und in allen ägyptischen Texten zu den Zirkumpolarsternen (*iḫmw -sk*), diese Aussage ist aber in ptolemäischer Zeit für einen weit südlich liegenden Ort wie Edfu ($\varphi = 25^{\circ}$) bei den Sternen γ und δ Ursae majoris nicht mehr korrekt. Die Gründe dafür heißen Präzession und Extinktion. Die Präzession bewirkt eine Veränderung der Deklination der beiden Sterne, vgl. die folgende Tabelle[14].

Jahr	δ (γUma)	Poldistanz 90° - δ	δ (δUma)	Poldistanz 90° - δ
-3000	$+70^{\circ}.05$	$19^{\circ}.95$	$+74^{\circ}.50$	$15^{\circ}.50$
-2500	$+70^{\circ}.66$	$19^{\circ}.34$	$+75^{\circ}.16$	$14^{\circ}.84$
-2000	$+70^{\circ}.55$	$19^{\circ}.45$	$+74^{\circ}.99$	$15^{\circ}.01$
-1500	+69 .77	$20^{\circ}.27$	$+74^{\circ}.02$	$15^{\circ}.98$
-1000	$+68^{\circ}.39$	$21^{\circ}.61$	$+72^{\circ}.42$	$17^{\circ}.58$
-211 (γ)	$+65^{\circ}.27$	$24^{\circ}.73$	$+69^{\circ}.08$	$20^{\circ}.92$
-236 (δ)				

Wird die Poldistanz eines Sterns größer als die geographische Breite, so ist an dem entsprechendem Ort der Stern kein Zirkumpolargestirn mehr, folglich zum Zeitpunkt der unteren Kulmination unsichtbar. Die geographische Breite von Edfu beträgt $24^{\circ}.98$, d.h. rein rechnerisch müßte -236 bzw. -211 bei beiden Sternen auch die untere Kulmination noch zu beobachten gewesen sein. In der Praxis war zumindest die von γUma nicht zu beobachten, hierfür würde schon eine Höhe des scheinbaren Horizonts von $24^{\circ}.98$ - $24^{\circ}.73$, d.h. lediglich $0^{\circ}.25$ ausreichen. Hinzu kommen die Auswirkungen der Extinktion, d.h. die Abschwächung der durch die Erdatmosphäre dringenden Lichtstrahlen, die umso größer wird, je geringer der Abstand Horizont - Stern ist. Nach der Tafel bei Neugebauer[15] werden lediglich Sirius und Canopus beim Erscheinen im Horizont sichtbar, alle anderen Sterne müssen erst einen gewissen Horizontabstand haben. Für Antares (Größe m: 1.1), Spica (m: 1.0) und Pollux (m: 1.5) gibt Neugebauer bereits einen Mindestabstand Stern - scheinbarer (!) Horizont von $1^{\circ}.3$ an. γ Ursae majoris besitzt die Größe 2.7,

14 Werte nach NTAC I, Tafel III.

15 NAC I, § 16, IX, S. 145.

ist also einiges schwächer und wird knapp $2^{o}.5$ über dem scheinbaren Horizont stehen müssen, d.h. die rechnerische Distanz Stern - ebener Horizont von $0^{o}.25$ zum Zeitpunkt der unteren Kulmination wird mit Sicherheit nicht ausreichen, um diese zu beobachten. Ein wenig anders ist der Fall bei δ Ursae majoris. Die rechnerische Distanz Stern - ebener Horizont beträgt für Edfu $4^{o}.08$. δ Ursae majoris ist der schwächste der sieben Bärensterne (Größe 3.5), er wird 3° bis $3^{o}.5$ über dem Horizont stehen müssen, damit er trotz Extinktion des Lichts sichtbar wird. Das bedeutet, bei gutem Wetter war die untere Kulmination gerade noch zu beobachten, schon bei etwas diesigem Wetter aber nicht mehr.

Wahrscheinlich liegt hierin der Grund für die hohe Achsenabweichung des Tempels. Theoretische Vorgabe war, das Gründungsritual an einem ganz bestimmten Tag vorzunehmen, nämlich an dem Tag, an dem die untere Kulmination von δ Ursae majoris genau um Mitternacht erfolgte. Das Ereignis selbst ist breitenunabhängig, die Bestimmung des Tages konnte von Unterägypten ($\varphi = 30^{o}$) leicht erfolgen. Die Priester im fünf Breitengrade weiter südlichen Edfu hatten dann freilich mit dieser Vorgabe ihre Probleme. Schon ein leichter Dunstschleier am Horizont konnte sie vor die Wahl stellen, entweder die ganze Gründungszeremonie abzubrechen oder das Ritual trotz Unsichtbarkeit oder nur gelegentlichem Aufflackern des Sterns durchzuführen. Anscheinend haben sie sich für das letztere entschieden, anders kann ich mir die 3° Abweichung nicht erklären.

4. Die Gründung des Pronaos

Der Text[16]:

Übersetzung:

"Zu dieser schönen Jahreszeit des Jahres 30, II. *šmw* 9, dem Fest der Vereinigung des Osiris mit dem linken Auge des Re, das ist das *snt*-Fest des Talfestes: Strickspannen im Pronaos dessen, der den beiden Heiligtümern vorsteht."

Das Baudatum Jahr 30 Ptolemaios VIII Euergetes II, II. *šmw* 9 entspricht dem julianischen Datum -139 2. Juli Sonnenaufgang - 3. Juli Sonnenaufgang. Osiris kann dem Orion entsprechen, das linke Auge (*iꜣbt*) des Re nicht nur dem Mond[17], sondern auch der im Osten aufgehenden Morgensonne[18]. Die Vereinigung des Osiris mit dem linken Sonnenauge könnte eine Umschreibung für den heliakischen Frühaufgang von χ Orionis

16 Text bei de Wit, CdE 36, 71-2, 1961, 292-3. Übersetzung auch bei Cauville/Devauchelle, RdE 35, 1984, 39.

17 So Cauville/Devauchelle, RdE 35, 1984, 34.

18 Vgl. die in der Einleitung zitierten Texte über die Vereinigung des rechten Auges (= Sothis) mit dem linken (= Morgensonne) aus dem Denderatempel, die damit den heliakischen Aufgang des Sirius beschreiben.

sein, also des zuletzt aufgehenden Orionsterns. Der Aufgang fand statt am Morgen des 3. Juli bei einem angenommenen Sehungsbogen von $14^{o}.5$[19]. An diesem Morgen war also erstmalig nach einer längeren Unsichtbarkeitsperiode wieder das ganze Sternbild des Orion zu sehen und es erscheint verständlich, daß ein solcher Tag als günstig angesehen wurde für die Gründung des Pronaos, der selbst viele astronomische Darstellungen enthalten sollte[20].

19 Rechnung nach NTAC III, § 24. NAC II, Tafel E 64 gibt für κ Orionis (Größe 2.4) 15° an, diese Werte dürften aber $0^{o}.5$ zu hoch sein, vgl. die Angabe bei Sirius mit $9^{o}.5$, richtiger ist $9^{o}.0$, siehe das astronomische Schlußkapitel.

20 Vgl. S. Cauville, Essai sur la théologie du temple d'Horus à Edfou, BdE 102, I, Le Caire, 1987, 132.

VIII. Die Orientierung eines Tempels nach dem Orion

1. Abydos (φ = 26°.2)

Die folgenden Überlegungen zum Osiristempel von Abydos sind weit weniger sicher, da das Wichtigste, eine auf den Tag genau datierte Bauurkunde, fehlt. Was bleibt, ist die Tempelachse selbst und eine Rede der Seschat-Sefechetabui auf der Nordwand der Treppe zum hinteren Tempelausgang.

Der Text[1]:

Übersetzung:

"Die Götter treten an deine (=König) Seite. Du bist einer von ihnen, indem du hier bist wie Re am Himmel, wie Onnophris in der Dat, wie der Widder Amun in Theben, wie Geb in dieser Erde. Du wiederholst die Erneuerung und beginnst das Grünen (= Zunehmen) wie der Mondgott (*iꜥḥ*) als Kind. Du verjüngst dich von Zeit zu Zeit wie Nun am Beginn seiner Zeit. Deine Geburten sind die, die die Sedfeste wiederholen. Der Lebenshauch sei an deiner Nase, indem du der König des ganzen Landes bist auf ewig. Dein Tempel existiert, während du erglänzt über dem Land wie Orion zu seiner Zeit, indem du lebst wie Sothis."

Sollte der letzte Satz tatsächlich eine Anspielung auf eine astronomische Orientierung des Tempels enthalten[2], so hätte man auf jeden Fall die Möglichkeiten eingegrenzt, es müßte sich um eine markante Position des Orion und/oder der Sothis handeln. Dabei ist der Orion bei weitem vorzuziehen, da er mit dem Hauptgott des Tempels, Osiris, gleichgesetzt werden kann.

Die Achse des Tempels wurde am 16.3.88 mit Hilfe eines ölgelagerten Linseatikkompasses bestimmt[3].

1 KRI I, 187, 10-14.

2 Ähnliche Wendungen siehe bei Herbin, RdE 35, 1984, 121, Anm. 65.

3 Ich bedanke mich bei den Teilnehmern meiner Reisegruppe, dem Architekten Herrn Schröder, Frau Engel und Herrn Philippus.

1. Messung (von der Mitte der Tür zum äußeren Säulensaal auf die Türkanten des Allerheiligsten des Amun-Re bzw. dessen Mitte, gemessen an der Rückwand):
a) Mitte: 213°.8
b) Linke Ecke: 211°.0
Rechte Ecke: 218°.3, Durchschnitt: 214°.7.
2. Messung (von der Mitte der Tür zum inneren Säulensaal auf die Türkanten des Allerheiligsten):
a) Mitte: 214°.1
b) Linke Ecke: 210°.8
Rechte Ecke: 219°.5, Durchschnitt: 215°.2.
3. Messung (von der Mitte der Tür zum Allerheiligsten auf die Türkanten vom inneren zum äußeren Säulensaal):
Linke Ecke: 22°.8
Rechte Ecke: 42°.1, Durchschnitt: 32°.5.
4. Messung (von der Mitte der Tür zum Allerheiligsten auf die Türkanten der Tür vom äußeren Säulensaal zum Hof):
Linke Ecke: 29°.0
Rechte Ecke: 36°.2, Durchschnitt: 32°.6.
Durchschnitt aller 6 Messungen: 33°.8, kleinster Wert: 32°.5, größter Wert: 35°.2, d.h. Meßgenauigkeit nur +/- 1°.5. Die Mißweisung betrug für März 88 (Abydos) +2°.2[4], d.h. insgesamt weicht die Hauptachse des Tempels ungefähr 36° (+/- 1°.5) von Norden nach Osten ab, das Azimut der Osirishalle beträgt demnach ungefähr 54° Süd über Ost nach Nord.

Damit ist klar, daß der Aufgang des Orion nicht gemeint sein kann, er erfolgte in einem weit höheren Azimut (über 70°). Im Grunde genommen war der Orionaufgang aber sowieso nicht zu erwarten, da zu diesem Zeitpunkt der Sirius noch nicht zu sehen ist, während der Text ausdrücklich auch diesen Stern erwähnt. Umgekehrt dürfte zum Zeitpunkt des Sothisaufgangs der Hauptstern des Orion, Rigel (β Orionis) ungefähr in der Tempelquerachse liegen. In diesem Zusammenhang sei an eine Passage aus dem P.Carlsberg I erinnert, in der "das Leben der Sterne" aus dem hieratischen Text demotisch glossiert wird mit "der Aufgang (ḫʿ) der Sterne, d.h. das Aufgehen (ḫʿ), das die Sterne machen"[5]. Die Rechnung erfolgt in mehreren Etappen: Zunächst wird ermittelt, in welcher Höhe Sirius bei seinem Frühaufgang[6] sichtbar wird[7], dann wird

4 Freundlicherweise ermittelt durch Herrn Lutz Wendorff, Institut für Geophysik, Göttingen.

5 P.Carlsberg I, VI, 21 in EAT I, 76.

6 Bei einem Aufgang mitten in der Nacht ist Sirius im scheinbaren Horizont zu sehen, NAC I, § 16, IX, S. 144f.

7 Durchschnitt ermittelt nach Beobachtungen von L. Borchardt u.a., OLZ 30, 1927, 445-6.

die Zeit ausgerechnet, wann der Stern diese Höhe erreichte[8], dann wird das Azimut von Rigel[9] berechnet[10].

Ergebnis: Sirius sollte ungefähr $2^{o}.3$ Höhe haben, zu diesem Zeitpunkt betrug das Azimut von Rigel $55^{o}.2$ Süd über Ost nach Nord. 3 min später, bei einer Siriushöhe von ungefähr 3° betrug das Azimut von Rigel $54^{o}.8$.

Ein Vergleich mit dem Azimut der Osirishalle von 54° (+/- $1^{o}.5$) ergibt, daß der Tempel auf diese Stellung des Orion hin ausgerichtet sein könnte, die Entscheidung dieser Frage dürfte eine genaue Vermessung der Tempelachse erbringen.

2. Sethostempel in Qurna ($\varphi = 25^{o}.7$)

Ein sehr ähnliches Azimut besitzt der Totentempel Sethos I in Theben-West, seine Querachse weicht mit Berücksichtigung der Mißweisung $35^{o}.7$ von Norden nach Osten ab[11], d.h. das Azimut der Hauptachse beträgt $54^{o}.3$ Süd über Ost nach Nord. Berechnet man die gleiche Sternkonstellation wie oben, d.h. Stellung des Rigel zum Zeitpunkt des Frühaufgangs der Sothis, so erhält man folgenden Wert: $56^{o}.0$ Süd über Ost nach Nord bei einer Siriushöhe von $2^{o}.3$, bei einer Höhe von 3° betrug das Azimut dann ungefähr $55^{o}.5$.

8 NTAC III, § 17. Zeit: -1310, Juli 20, 16.02 mittlere astronomische Zeit. Die 2. Rechnung für 16.08 mittlere astr. Zeit.

9 Andere Sterne des Sternbilds kommen der Schätzung nach nicht in Frage.

10 Ebenfalls nach NTAC III, § 17.

11 LD I, 86.

IX. Die Orientierung von Tempeln nach dem Sonnenaufgang

1. Abu Simbel (φ = $22^{o}.4$)

a) Um nachrechnen zu können, ob das Azimut des Sonnenaufgangs mit dem Azimut der Tempelachse übereinstimmt, benötigt man abgesehen von der geographischen Breite φ maximal drei Daten.

- Das Datum des Sonnenaufgangs[1], an dem die beiden Azimute übereinstimmen.
- Das Azimut der Tempelachse gegenüber dem wahren (geographischen) Norden.
- Die Höhe des scheinbaren Horizontes.

Fehlt eines der drei Daten, so läßt es sich mit Hilfe der zwei anderen berechnen[2]. D.h. spätestens nach einer kurzen Rechnung erhält man dann im vorliegenden Fall zwei[3] im julianischen oder gregorianischen Kalender festgelegte Daten, die man gegebenenfalls mit einem ägyptischen Datum (z.B. einer Bauinschrift) vergleichen kann. Die Übereinstimmung gilt im Regelfall für vier absolut feststehende Jahre, sodaß man die Bauinschrift absolut datieren kann, sofern ihre ungefähre zeitliche Einordnung unzweifelhaft ist.

b) Ein sicher festgelegtes Baudatum gibt es für den großen Tempel von Abu Simbel nicht[4]; Ziel ist im folgenden lediglich, das julianische/gregorianische Datum, an dem das Azimut des Sonnenaufgangs mit der Tempelachse zusammenfällt, möglichst genau zu bestimmen, da dieses Datum für eine Weiterrechnung benötigt wird.

Mustert man die Fachliteratur, so denkt man, über genügend Informationen zu verfügen, um die Rechnungen durchführen zu können. Bei einer genauen Nachprüfung kommen aber Zweifel auf.

aa) Mit Sicherheit falsch ist die hauptsächlich in der deutschsprachigen Literatur[5] verbreitete Ansicht, die aufgehende Sonne scheine an den Äquinoktien direkt ins Sanktuar. Wenn das so wäre, so müßte der Tempel ziemlich genau Ost-West ausgerichtet sein, in Wirklichkeit weicht aber die Tempelachse um über 10° nach Südosten ab.

1 Für Phänomene des Sonnenlaufs genügt ein gregorianisches Datum vollkommen, da das gregorianische Jahr mit dem Sonnenjahr fast übereinstimmt. In Wirklichkeit ist das greg. Jahr etwas länger als das Sonnenjahr (tropisches Jahr), der Fehler beträgt in rund 3300 Jahren 1 Tag. D.h. ein 20. Febr. (greg.) der Jetztzeit entspricht einem 19. Febr. (greg.) zur Zeit des Neuen Reiches. Desweiteren ist es noch wichtig zu wissen, ob sich ein gegebenes Datum auf ein Schaltjahr oder ein Normaljahr bezieht; im folgenden wird bei Angaben, die diesen Umstand nicht klarstellen, regelmäßig angenommen, es handle sich um ein Normaljahr.

2 NTAC III, § 18 (dort ist unter a) gregorianisch in julianisch zu verbessern, siehe den Anhang, S. 20) und NAC I, § 16, IX.

3 Nur ein Datum, wenn es sich um ein Solstitium handelt.

4 Bei dem von Borchardt, Mittel, 50 zitierten Text aus Gauthier, Livre des rois 3, 35, 4 handelt es sich jedenfalls nicht explizit um eine Bauinschrift.

5 E. Otto in LÄ I, 26 s.v. Abu Simbel; Vittmann in LÄ IV, 608 s.v. Orientierung; Kurth in RdE 34, 1982-3, 73.

bb) Aber auch die Angabe bei Christophe[6], es handle sich um die Tage 20. Februar und 20. Oktober, kann in der Form nicht richtig sein. Der Ort des Sonnenaufgangs ist abhängig von der Deklination δ der Sonne. Damit an zwei verschiedenen Tagen im Jahr die Sonne am gleichen Ort aufgeht, muß δ ungefähr gleich groß sein.

δ (20. Oktober greg.) = $-10^{o}.4$ korrespondiert mit δ (22. Februar greg.) = $-10^{o}.5$

δ (20. Februar greg.) = $-11^{o}.2$ korrespondiert mit δ (22. Oktober greg.) = $-11^{o}.2$[7].

Man kann das auch anders formulieren. Die Deklination der Sonne ist an zwei verschiedenen Tagen des Jahres gleichgroß, wenn die beiden Tage genau die gleiche Entfernung von den beiden Solstitien haben. Im vorliegenden Fall ist der 20. Oktober vom Wintersolstitium am 22. Dezember 63 Tage entfernt, der 20. Februar jedoch nur 60. Außer den beiden schon genannten Paaren wäre also auch noch möglich:

δ (21. Oktober greg.) = $-10^{o}.8$ korrespondiert mit δ (21. Februar greg.) = $-10^{o}.8$.

In letzterem Fall hätte sich Christophe bei seinen Beobachtungen an beiden Tagen jeweils um einen Tag geirrt, in den beiden anderen Fällen hätte er einen Tag richtig bestimmt, sich beim andern aber gleich um zwei Tage vertan. Dabei dürfte ein Beobachtungsfehler, bei der die Sonnenstrahlen jeweils um ungefähr $0^{o}.4$ nach Norden/Süden von der Tempelachse abweichen, weniger auffallen als einer, bei dem sie einmal $0^{o}.8$ in die eine oder andere Richtung abweichen. Immer vorausgesetzt natürlich, die Ereignisse wurden tatsächlich beobachtet. Sollte der Autor sie jedoch berechnet haben, dann wird auch noch manch anderes möglich sein, eine Kostprobe auf S. 203 des zitierten Werkes vermag nicht zu überzeugen. Der Verfasser versucht dort nachzuweisen, daß eines seiner von ihm genannten Daten (20. Oktober) mit dem Sedfest Ramses II. zusammenfällt. Hierzu ist folgendes zu sagen:

1. Der Sothisaufgang verschiebt sich mitnichten im greg. Kalender alle vier Jahre um einen Tag, wenn er 1313 v.Chr. auf den 5. Juli (greg.) fällt, so tut er das auch 1261-1257 v.Chr..

2. Bevor man 1313 v.Chr. als Ausgangsdatum setzt, hat man zunächst die für die beabsichtigte Gleichsetzung benötigte Apokatastasis zu bestimmen. Das Gleiche gilt für den Regierungsbeginn Ramses II., außer 1290 hat man auch 1304 und 1279 in Betracht zu ziehen.

6 Abou-Simbel, Bruxelles, 1965, 201. Noch andere Werte (18. Oktober; 26. Februar) in: The Salvage of the Abu Simbel Temples, Concluding Report, December 1971, Vattenbyggnadsbyran (VBB), Stockholm, S. 17. Da es den Verfassern anscheinend auf Genauigkeit nicht ankam (in einem wissenschaftlichen Werk würde man ein Eingehen auf die in dem Buch von Christophe, zitiert auf S. 20, genannten anderen Werte, erwarten), zudem ihre Werte auch astronomisch für die damalige Zeit nicht stimmen können, seien sie hier nicht weiter beachtet.

7 Zahlen nach NTAC III, Tafel 15 in Verbindung mit NTAC III, Tafel K und Tafel 8.

3. Einmal unterstellt, die unter 2. genannten Daten wären richtig und Verfasser meinte mit seiner vierjährigen Verschiebung um einen Tag die Auswirkungen des Sothisaufgangs auf den ägyptischen Kalender, dann heißt das, wenn im Jahr 1313 v.Chr. der Sothisaufgang auf den I. *ꜣḫt* 1 fällt[8], so fällt er 1261 v.Chr. auf den I. *ꜣḫt* 1 + (1313-1261) : 4 = I. *ꜣḫt* 14. Der I. *prt* 1 ist von diesem Datum 107 Tage entfernt, fällt also auf den 20. Oktober. Christophe selbst hatte zu einem von ihm ermittelten Sothisaufgang am 22. Juni, mit dem er wahrscheinlich den I. *ꜣḫt* 1 meinte, 122 (!) Tage hinzugezählt und war auf den 22. Oktober gekommen. Ist jetzt der weitgehend korrekt ermittelte 20. Oktober eine grandiose Bestätigung seiner Theorie? Wahrscheinlich nicht. Zum einen weiß man nur, daß das 5. und 6. Sedfest aus den Jahren 42 und 45 Ramses II. am I. *prt* 1 stattfand, daß dieses Datum auch für das erste Sedfest gilt, ist eine Annahme. Ist die Annahme aber richtig, dann folgt daraus nur, daß das Sedfest im ägyptischen Kalender unveränderlich sein sollte, was automatisch eine stetige Veränderung eines Punktes im julianischen/gregorianischen Kalender zur Folge hat, d.h., daß es auf eine Konstanz hierbei nicht ankam[9].

cc) In der Publikation des kleinen Tempels von Abu Simbel findet sich folgende Aussage: Die mittlere Längsachse des kleinen Tempels bildet mit dem geographischen Norden einen Winkel von 39° 04' 31''[10]. Im Tafelband des gleichen Werkes (pl. 3) steht die Angabe 38° 3' 30'' (beidesmal nach Westen, vgl. die Skizze auf S. 125). Man wird zunächst vermuten, daß die zweite Zahl die Abweichung vom magnetischen Norden bezeichnet. Das hieße, der magnetische Norden wiche vom geographischen um ungefähr 1° nach Westen ab, die Deklination (Mißweisung) wäre also negativ. Tatsächlich war sie aber in dem in Frage kommenden Zeitraum (1960-8) ungefähr +1°[11]. Es wird also im folgenden davon ausgegangen, daß die beiden Zahlen genau andersherum zu verstehen sind.

dd) In einer Skizze[12] sind die Achsen des großen und kleinen Tempels und ihre Winkel zu den Aufgangspunkten der Sonne an den beiden Solstitien eingetragen. Hat man nach

8 Hinzu kommt ein falsches Verständnis einer Apokatastasis. Korrekt wäre Sothisaufgang am letzten Jahrestag (Tagesbeginn: Sonnenaufgang).

9 Zur Frage, ob die Sedfeste Ramses II. wirklich am I. *prt* 1 stattfanden, siehe Hornung und Staehelin, Studien zum Sedfest, Aegyptiaca Helvetica I, 1974, 56 ud v. Beckerath, MDAIK 47, 1991, 32.

10 Chr. Desroches-Noblecourt und Ch. Kuentz, Le Petit Temple d'Abou Simbel, Le Caire, 1968, 3.

11 Wert geschätzt. Eine nachträgliche Anfrage bei Herrn Lutz Wendorff, Institut für Geophysik, Göttingen ergab folgende Werte: 1960: +0°.44; 1965: +0°.57; 1970: +0°.70 (gewonnen auf der Basis von Kugelfunktionentwicklungen, Fehler: geringer als ein halbes Grad).

12 Chr. Desroches-Noblecourt und Ch. Kuentz, op. cit., 125.

cc) das Azimut des kleinen Tempels bestimmt, so kann man durch einfaches Subtrahieren den Achsenunterschied der beiden Tempel erhalten.
Sommersolstitium gr. Tempel: 144°.0 kl. Tempel: 103°.4 Differenz: 40°.6.
Wintersolstitium gr. Tempel: 194°.5 kl. Tempel: 154°.3 Differenz: 40°.2.
Die unterschiedlichen Winkeldifferenzen zwischen den beiden Tempeln müssen nicht falsch sein, sie könnten mit der unterschiedlichen Lage und der unterschiedlichen Höhe des scheinbaren Horizonts zu tun haben.
Rechnerisch müßte das Sommersolstitium bei 115°.9 Süd über Ost liegen[13], dieser Wert verringert sich je nach Höhe des Horizonts. Die rechnerische Differenz zur Achse des kleinen Tempels liegt bei Annahme der Achse von 39°.1 nach Westen bei 103°.2, bei 38°.1 bei 102°.2, angegeben ist 103°.4, d.h. im ersten Fall ist der Horizont so hoch, daß die Sonne 0°.2 weiter südlich über die Berge scheint, im zweiten 1°.2. 0°.2 scheint angesichts der Berge viel zu wenig zu sein, sodaß auch hiermit die Annahme oben unter cc) bestätigt wird. Letztendlich folgt daraus, daß bei dieser Angabe (1°.2) die Horizonthöhe bereits berücksichtigt ist und mit dieser rein qualitativen Angabe läßt sich auch der Tag bestimmen, an dem diie aufgehende Sonne ins Sanktuar scheint.
Als Winkelunterschied Achse großer Tempel und Azimut Wintersolstitium wird 194°.5 = 14°.5 angegeben. D.h. ist gesucht ist der Tag, an dem das Azimut des Sonnenaufgangs 14°.5 weniger beträgt. Aus der entsprechenden Tabelle[14] ergibt sich, daß die Deklination der Sonne an dem entsprechenden Tag -10°.2 betragen muß. D.h. zwei der oben unter bb) genannten Fälle scheiden aus, übrig bleibt 20. Okt./22. Febr.(greg.) und man wird auch den 19. Okt. (δ = -10°.0) und den 23. Febr. (δ = -10°.1) noch in Betracht ziehen müssen. Genauer läßt sich an Hand der gegebenen Hilfsmittel das Datum nicht bestimmen. Für die Zeit des Neuen Reiches reduzieren sich die Daten um einen Tag nach unten[15], also 21. und 22. Febr. (18. und 19. Okt.).
Auffallend bleibt, daß diese Tage keineswegs auf ein markantes Ereignis des jährlichen Sonnenlaufs fallen (Solstitien oder Äquinoktien), bevor dieser Frage weiter nachgegangen wird, seien noch zwei andere Tempel betrachtet.

2. Amarna (φ = 27°.6)
R.A. Wells hat unlängst festgestellt, daß die Achse des kleinen Sonnentempels von Amarna auf das Wadi Abu Hasa el-Bahri ausgerichtet ist und daß der in diesem Wadi vom Tempel her zu beobachtende Sonnenaufgang mit dem Baudatum IV. *prt* 13, Jahr 5

13 NTAC III, Tafel 15-7 (§18).

14 NTAC III, Tafel 16. Morgenweite Wintersolstitium (δ = -23°.7): 25°.5 für Abu Simbel; 25°.5 - 14°.5 = 11°.0, die dazugehörige Deklination der Sonne ist -10°.2.

15 Vgl. Anm. 1.

Echnaton korrespondiert[16]. Insgesamt stellen seine Überlegungen eine raffinierte Methode dar, ein absolutes Datum für die ägyptische Chronologie zu erschließen, die Probleme, von Wells größtenteils gesehen, liegen in den Details.

Von den drei benötigten Daten[17] scheint sicher nur die Höhe des scheinbaren Horizonts zu sein. Das Azimut der Tempelachse gegenüber dem wahren Norden ist noch nicht mit Sicherheit bestimmt, dies ist jedoch nur ein temporäres technisches Problem, da es jederzeit vor Ort mit den nötigen Hilfsmitteln bestimmt werden kann. Die Rechnungen wurden von Wells für ein Azimut A = 103° durchgeführt, abgelesen aus einer archäologischen Amarnakarte aus dem Jahr 1970. Eine Angabe 103° bedeutet, daß das tatsächliche Azimut zwischen 102°.50 und 103°.49 liegen kann. Bezieht sich die Angabe auf den wahren Norden, sollen dies die Obergrenzen sein. Sollte jedoch in der Karte der magnetische Norden angegeben worden sein, könnte das Azimut um ungefähr 1° höher liegen[18], d.h. bis ungefähr 104°.5.

Eine nicht durch simples Nachmessen zu beseitigende Unsicherheit ist das Datum, an dem das Azimut des Sonnenaufgangs mit der richtig ermittelten Tempelachse überein-

16 R.A. Wells in SAK 14, 1987, 313-33 und SAK 16, 1989, 289-327. Der erste Artikel hat eine Kritik von Krauss hervorgerufen (GM 103, 1988, 39 - 44), die stellenweise etwas kleinlich formuliert ist. Es bleibt jedoch festzuhalten, daß seine drei Korrekturen richtig sind, seinen weiteren Ausführungen vermag ich mich nicht anzuschließen, vgl. dazu das Kapitel über die Tempelgründung in Karnak. Die Miszelle von Krauss wird von Wells auf stilistisch unerfreuliche und sachlich nicht gerechtfertigte Weise beantwortet (GM 108, 1989, 87 - 95), dazu Krauss, GM 109, 1989, 33-6. Beide Autoren übersehen folgende Hauptpunkte: (1) Bei einer Änderung des Aufgangsazimuts der Sonne von rund 0°.3 pro Tag reicht eine Tempelachsenbestimmung auf ein Grad genau für den vorliegenden Zweck (Stichwort: absolute Chronologie) nicht aus. (2) Keine Berücksichtigung der Mißweisung. (3) Es wird keine Erklärung für den 4./5. März (jul.) gegeben (kein markanter Punkt des jährlichen Sonnenlaufs).

17 Vgl oben unter 1.a) (Abu Simbel).

18 Berechnete Mißweisung für Amarna 1970 +1°.23 (Lutz Wendorff, Institut für Geophysik, Göttingen), d.h. der mag. Norden weicht um rund 1° nach Osten ab, bzw. der wahre gegenüber dem mag. nach Westen, aus der Karte bei Wells, op. cit., S 316 ergibt sich, wie das Azimut zu verstehen ist. Nach einer eigenen Messung bei Pendleburry, The City of Akhenaten, London 1951, Part III, vol. II, pl. XVII ergibt sich ein Azimut von 104° bis 104°.5. Der Plan stammt selbst aus dem Jahr 1934. Die Mißweisung dürfte für diese Zeit nahezu 0° gewesen sein, eventuell noch schwach negativ, das Azimut ist vielleicht ein Viertelgrad kleiner, etwa 103°.7 - 104°.2. Eine nachträgliche Berechnung der Mißweisung für weiter zurückliegende Zeiten ist nur bedingt möglich, da es entsprechende erdmagnetische Modellfelder auf der Basis von Kugelfunktionen erst seit 1945 gibt. Der Lutz Wendorff am wahrscheinlichsten erscheinende Wert lag für 1934 bei +0°.28.

stimmt. Hier muß man sich entscheiden, was man als Sonnenaufgang definieren will, die ersten Lichtstrahlen (oberer Rand) oder etwa die volle Sonnenscheibe wie in der *ꜣḫt*-Hieroglyphe. Die Frage ist ausführlich dargestellt bei Wells[19], hier interessieren nur die Ergebnisse.

Die ersten Sonnenstrahlen wären am 18. Februar (greg.) zu sehen, die halbe Sonnenscheibe am 19. Febr., die ganze am 20. Febr., jeweils bei einem Azimut von 103°. Bei ungefähr A = 102°.6 erhielte man den 21. Febr., bei 103°.4 den 17. Febr., der größte noch zu berücksichtigende Extremfall dürfte bei 15. Febr. (Karte auf den mag. Norden bezogen und Sonnenaufgang oberer Rand). Im folgenden wird mit den Möglichkeiten 15. Febr. - 21. Febr. gerechnet, Überlegungen über Schaltjahre können bei insgesamt sieben möglichen Tagen erst einmal beiseite bleiben. Dafür wird aber die weitere Rechnung einfacher.

Wells wollte für die ihm am wahrscheinlichsten erscheinende Lösung 20. Febr. (greg.) das Jahr bestimmen, an dem dieser Tag mit dem IV. *prt* 13 korrespondiert. Hierzu berechnete er den Sothisaufgang für Amarna (2. Juli greg.), errechnete die Differenz zum 20. Febr. und konnte nach einigen Fallunterscheidungen (wegen möglicher Schaltjahre) eine Reihe von absoluten Daten nennen, an denen die Tempelgründung stattgefunden hatte. Dies ist nicht korrekt, denn (1) darf man bei einer solchen Rechnung nicht mit dem Sothisaufgang in Amarna rechnen[20] und (2) braucht man den Sothisaufgang sowieso nicht, die Lösung ist viel einfacher.

Die Aufgabe lautet: In welchem Jahr entspricht der 20. Febr. (greg.) = 4. März (jul.) dem IV. *prt* 13? Das ägyptische Kalendersystem, bei dem jedes Jahr konstant 365 Tage hat, unterscheidet sich vom julianischen nur dadurch, daß in letzterem in jedem Jahr (astronomischer Zählung), das durch vier teilbar ist, ein zusätzlicher 366. Tag eingeschoben wird. Deswegen entsprechen 1461 ägyptische Jahre 1460 Jahren julianischer Zählung. Nun weiß man sicher, daß in den Jahren +136 bis +139 der I. *ꜣḫt* 1 (1. Thoth) dem 20. Juli (jul.) entspricht[21]. Wenn dies +136 der Fall war, dann auch 1460 Jahre eher, also 136-1460 = -1324/21. Der IV. *prt* 13 ist vom I. *ꜣḫt* 1 222 (!) Tage entfernt, der 4. März vom 20. Juli jedoch 227 Tage. 227-222 ergeben 5, 20. Juli + 5 Tage ergibt den 25. Juli. Gesucht sind also die Jahre, in denen der I. *ꜣḫt* 1 auf den 25. Juli fällt. Ägyptische Daten fallen gegenüber dem jul. Kalender mit fortlaufender Zeit zurück, alle 4 Jahre um einen Tag, d.h. vor 4 x 5 = 20 Jahren, -1344/41 entspricht

19 Wells, op. cit., 322-4 mit Abb. 6b und 6c.

20 Der Grund liegt darin, daß es in ganz Ägypten nur einen Kalender gab, der IV. *prt* 13 von Aswan entspricht dem IV. *prt* 13 in Memphis und nicht etwa einem anderen Kalenderdatum. Gesetzt der Fall, ein Ereignis findet an ein und demselben Tag, z.B. dem IV. *prt* 13 gleichzeitig in Aswan, Amarna und Memphis statt, so würde man nach einer Umrechnungsmethode, die den jeweils lokalen Sothisaufgang berücksichtigt, drei verschiedene greg. Daten erhalten, was unmöglich ist.

21 O. Neugebauer in Ptolemäus, Handbuch der Astronomie (συνταξιϛ μαθηματικη), Hrgb. K. Manitius, Bd. I, Leipzig, 1963^2, 437.

der I. *ꜣḫt* 1 dem 25. Juli (jul.) und der IV. *prt* 13 dem 4. März (jul.). Die möglichen Jahreszahlen lassen sich somit tabellarisch zusammenfassen.

IV. *prt* 13 = 21. Febr. (greg.)	in den Jahren -1348/45
" 20. Febr.	" -1344/41
" 19. Febr.	" -1340/37
" 18. Febr.	" -1336/33
" 17. Febr.	" -1332/29
" 16. Febr.	" -1328/25
" 15. Febr.	" -1324/21

Amenophis IV. bestieg den Thron zwischen dem I. *prt* 1 und dem I. *prt* 8[22]. Da die Inschrift aus dem Jahr 5 ist, kann er frühestens -1353 (= 1354 v.Chr.) auf den Thron gekommen sein, spätestens -1326 (1327 v.Chr.). Thutmosis III. hat nach einhelliger Meinung in einem der drei Jahre 1504, 1490 oder 1479 (v.Chr.) den Thron bestiegen. Hornung[23] berechnet für die 4 Könige von Thutmosis III. bis zu Amenophis III. folgende Regierungszahlen:

Thutmosis III. : 53a
Amenophis II. : 26a
Thutmosis IV. : 7-9a
Amenophis III. : 37-9a Summe: 123 - 127 Jahre.

Nach diesem chronologischen Ansatz fallen 1504 und 1490 weg, sodaß nur noch 1479 als Thronbesteigungsdatum übrig bleibt. 1479 - 123a = 1356; 1479 - 127a = 1352 v.Chr., d.h. das Minimum der Regierungszeiten dieser 4 Könige muß 125 Jahre betragen. Dies ist ein wichtiges Ergebnis. (1) wäre 1479 v.Chr. der Regierungsbeginn Thutmosis III. und (2) käme von den Sonnenaufgangsdaten eig. nur der 21. Febr. (greg.) in Frage. Dieses Resultat könnte man nur noch umstoßen, wenn man die Regierungszeit Thutmosis IV. extrem verlängert; ein Versuch, der sich hauptsächlich auf die Länge des Sedfestes und Mumienuntersuchungen stützt, vermag nicht zu überzeugen (erzielte Regierungslänge für Thutmosis IV. : 33 Jahre[24]).

Astronomisch aber muß man die erstaunliche Tatsache konstatieren, daß man praktisch die gleichen Daten wie beim Abu Simbel Tempel (21. Febr. greg. und bei etwas längerer Regierungszeit Thutmosis IV. 20. Febr.) erhält, ohne daß diese Daten irgendeinem herausragenden Punkt des Sonnenlaufs entsprechen. Dies Datum ergibt sich für Amarna nicht etwa zwangsläufig, hätte man den Tempel weiter nördlich oder südlich gebaut, wäre die

22 Murnane, On the Accession Date of Akhenaten, Fs Hughes, SAOC 39, 1976, 163-7.

23 Hornung, Untersuchungen, 33-6.

24 E.F. Wente und Ch.C. van Siclen III, A Chronology of the New Kingdom, Fs Hughes, SAOC 39, 1976, 218-20 und 229-30.

Sonne an einem anderen Tag im Wadi aufgegangen, man hat also anzunehmen, daß gerade dies Datum beabsichtigt war.

3. Der Atumtempel von Heliopolis ($\varphi = 30^{o}.1$)
Die Berliner Lederhandschrift enthält die Bauinschrift des Atumtempels von Heliopolis. Datiert ist die im Neuen Reich wieder abgeschriebene Urkunde in das Jahr 3, III. *ꜣḫt* 8[25] Sesostris I. Dieses äg. Datum läßt sich in ein gregorianisches umrechnen. Folgt man Parkers Chronologie der 12. Dyn., so fällt das Jahr 3 Sesostris I. ins astronomische Jahr -1968[26].
Wenn -1324/1 der I. *ꜣḫt* 1 dem 20. Juli (jul.) entspricht[27], so fällt der I. *ꜣḫt* 1 in den Jahren -1968/5 auf den (1968-1324) : 4 = 161 + 20. Juli = 28. Dezember. Die Differenz III. *ꜣḫt* 8 - I. *ꜣḫt* 1 beträgt 67 Tage, d.h. der III. *ꜣḫt* 8 entspricht in den Jahren -1968/5 dem 28. Dezember + 67 Tage = 5. März (jul.). Der 5. März (jul.) entspricht dem 16. Februar (greg.)[28]. Desweiteren muß man noch berücksichtigen, daß Sesostris II. u.U. nicht 19 Jahre, sondern vielleicht nur 6-8 Jahre regierte, worauf neulich noch einmal Helck hingewiesen hat[29]. Da auch die Regierungszeit Sesostris III. wahrscheinlich von 36 auf 19 Jahre zu reduzieren ist, entfällt auch die exakte Bindung des Jahres 7 Sesostris III. an -1871, es können auch einige Jahre früher oder später sein. Insgesamt kann so das Jahr 3 Sesostris I. gut 12 Jahre später stattgefunden haben, in den Jahren -1956/3 entspricht der III. *ꜣḫt* 8 dem 13. Februar (greg.).
Das Ereignis fällt wieder in die Mitte des Februar, und man fragt sich, selbst wenn der Heliopolistempel nicht mehr erhalten ist[30], ob die drei Tempel nicht vielleicht nach ein- und demselben Prinzip errichtet worden sind.

25 Publiziert von de Buck in: Studia Aegyptiaca, Analecta Orientalia 17, Rom, 1938, 48-57. Für die Tageszahl 8 siehe die Anm. b) der Transkription, wenn die zweite 4 zu sehen ist, muß nach den Prinzipien der hieratischen Schrift auch das davorstehende Zeichen eine 4 sein.

26 Parker, Calendars, Exkursus C.

27 Vgl. den vorherigen Abschnitt über Amarna.

28 Siehe die Umrechnungstabelle bei Parker, Calendars, S. 8.

29 In GM 67, 1983, 43-6 mit Verweis auf Simpson in LÄ V s.v. "Sesostris II.".

30 In einem Plan von Heliopolis bei H. Ricke, ZÄS 71, 1935, Abb. 4 auf S. 125 (auch abgedruckt in Abdel-Aziz Saleh, Excavations at Heliopolis, Cairo, 1981, vol. I, pl. 5) wird eine Achse des Atumtempels von Sesostris I. angegeben. Danach beträgt das Azimut der Tempelachse 75° Süd über Ost nach Nord bzw. 105° Süd über West nach Nord (ohne Berücksichtigung der Mißweisung). Das Aufgangsazimut der Sonne beträgt für den 5. März (jul.) -1968 $75^{o}.8$ Süd über Ost nach Nord für den ebenen Horizont, bei steigender Horizonthöhe wird der Wert kleiner (Rechnung nach NTAC III, § 18). Ricke, op. cit., 127 vermutet, daß der nicht mehr erhaltene Tempel östlich des noch stehenden Obelisken lag, also eine West-Ost-Orientierung besaß; auch eine solche Ausrichtung

4. Vergleich der drei Tempel

Sicher ist, daß das ägyptische Datum keine Rolle spielt und sicher scheint auch, daß die Ausrichtung auf den Sonnenaufgang noch nicht alles sein kann, die Stellung der Sonne ist an den ganzen Tagen in keiner Hinsicht bemerkenswert. Da das Ereignis im greg. und noch mehr im jul. Kalender fest zu sein scheint, scheiden Phasen der Planeten oder des Mondes von vorn herein aus. Übrig bleiben die Sterne, d.h. entweder Kulminationen oder Auf- bzw. Untergänge. Da aber die Daten von Abu Simbel und Amarna fast gleich sind, beide Orte aber durch über 5 Breitengrade voneinander getrennt sind, müssen die Auf- und Untergänge auch ausscheiden, übrig bleiben allein die Kulminationen. Der bekannteste und wichtigste Stern bei den Ägyptern war der Sirius, also wird man zunächst überprüfen, ob dessen Kulmination etwas Besonderes an dem jeweiligen Datum darstellt. In der folgenden Tabelle seien die relevanten Daten, berechnet nach den Neugebauerschen Tafeln[31], zusammengestellt.

Ort	φ	Datum greg.	Datum jul.	Kulm. d. Sothis am Vortag	SU am Vortag	Dauer bürg. Däm. Vortag	Diff. SU Kulm. Sothis	Sothis-kulm. vor Beginn bürg. Däm.	Jahr der Rechnung
Abu Simb.	22°.4	20.2.	4.3.	18.37	18.02	0.48	0.35	0.13	-1301
		21.2.	5.3.	18.31	18.03	0.48	0.28	0.20	
		22.2	6.3.	18.24	18.03	0.47	0.21	0.26	
Amarna	27°.6	20.2.	4.3.	18.31	17.94	0.50	0.37	0.13	-1344/41
		21.2.	5.3.	18.25	17.95	0.50	0.30	0.20	-1348/45
Heliopolis	30°.1	13.2.	2.3.	18.30	17.82	0.51	0.48	0.03	-1956/53
		14.2.	3.3.	18.24	17.83	0.51	0.41	0.10	-1960/57
		15.2.	4.3.	18.16	17.83	0.51	0.33	0.18	-1964/61
		16.2.	5.3.	18.10	17.84	0.51	0.26	0.25	-1968/65

Trotz einer gewissen Rechenungenauigkeit läßt sich aus der Tabelle folgendes Ergebnis ablesen: Die wahrscheinlichsten Daten waren für Abu Simbel der 21. Febr. (greg.), für Amarna ebenfalls und für Heliopolis der 16. Febr. (greg.) unter der Annahme, daß die bisherige Chronologie der 12. Dyn., aufgestellt durch Parker, in großen Zügen korrekt ist. Diese drei Daten haben gemeinsam, daß die Sothis am Vorabend in Heliopolis 16 min. nach Sonnenuntergang kulminiert, in Abu Simbel 17 min. und in Amarna 18 min..

könnte mit dem errechneten Wert übereinstimmen. Solange die Fundamente aber noch nicht freigelegt sind, erscheint es zumindest auch denkbar, daß der Atumtempel wie die beiden anderen Tempel auch eine Ost-West-Orientirung besaß, also nicht östlich, sondern westlich des Obelisken zu suchen wäre.

31 NAC I, § 16, VI (Kulmination); NTAC III, § 12 (Sonnenuntergang); NTAC III, § 16 (bürgerliche Dämmerung). Die Rechnung ist auf einige Minuten genau (Sonnenuntergang und bürgerliche Dämmerung).

Vermutet wird, daß dies jeweils die letzte überhaupt noch zu beobachtende Kulmination des Sterns ist. Sterne erster Größe können in mondlosen Nächten und bei vollkommen klarem Himmel in Zenithnähe frühestens 8 min. nach Sonnenuntergang sichtbar werden[32]. Nun kulminiert die Sothis nicht in Zenithnähe und von mondlosen Nächten kann man auch nicht einfach ausgehen, d.h. die 8 min. sind mit Sicherheit nach oben zu korrigieren. Andererseits ist zu erwarten, daß Sirius schon vor dem Ende der bürgerlichen Dämmerung zu sehen ist, letztere ist ja so definiert, daß bei ihrem Ende die Sterne erster Größe erkannt werden können. Sirius selbst ist ungefähr zehnmal heller als ein Stern erster Größe, muß also einige Zeit eher zu sehen sein, im obigen Fall etwa 12 - 15 min..

Zusammenfassend läßt sich sagen, daß für alle drei Tempel als Baudatum der Tag gewählt wurde, bei dem die Sothis unmittelbar nach Einbruch der Dunkelheit ihren höchsten Stand erreicht hatte, nachweisen läßt sich das für den Amarnatempel und den Atumtempel in Heliopolis, die Achse des Tempels wurde nach dem Sonnenaufgangsort des folgenden Morgens hin orientiert, nachgewiesen für Abu Simbel und Amarna.
Unter der Voraussetzung, daß diese Theorie stimmt, hätte man zwei weitere Belege für einen unterägyptischen Beobachtungspunkt des Sothisfrühaufgangs. Die Gleichsetzungen IV. *prt* 13 (Amarna) mit dem 5. März (jul.) -1348/45 und III. *ꜣḫt* 8 mit dem 5. März (jul.) -1968/65 führen jeweils zu einem Sothisfrühaufgang am 16. oder 17. Juli (jul.), also dem Wert für Memphis/Heliopolis, der Kalenderbezugsort wäre sowohl im MR wie im NR Unterägypten.

32 Meyers Handbuch über das Weltall, Mannheim, 1973[5], 117.

X. Die Monddaten Thutmosis III.

Die beiden erhaltenen Monddaten haben seit den Zeiten Ludwig Borchardts knappe 20 Artikel hervorgerufen[1] und bei Außenstehenden wahrscheinlich nur den Eindruck hinterlassen, daß man es im Grunde genommen machen kann, wie man will. Die Beliebigkeit wird hier bestritten, m.E. sind die Texte eindeutig, wenn man sich an drei Voraussetzungen hält.

(1) Ohne zwingenden Grund wird ein Text nicht emendiert.

(2) Parkers Bestimmung von *psḏntyw*[2] ist korrekt, d.h. *psḏntyw* ist der Tag, an dem erstmals der Mond in der Morgendämmerung nicht mehr sichtbar ist.

(3) Die Tages- und Datumsgrenze ist der Sonnenaufgang[3], d.h. die Dämmerung gehört noch zum Vortag.

Voraussetzung (2) wird von niemandem angezweifelt, die Mißachtung von (1) und (3) ist dagegen Ursache der herrschenden Verwirrung.

1. Die Schlacht von Megiddo

a) Im Text (Urk. IV, 657, 2) steht unzweideutig, daß die Schlacht von Megiddo im Jahr 23, am I. *šmw* 21 stattfand, dem genauen Neumondstag (*psḏntyw*). Dies Ereignis läßt sich berechnen, Parker kam dabei zu folgenden Ergebnissen[4]:

(a) (ergibt Jahr 1 um -1503): I. *šmw* 21 ist *psḏntyw* am 16. Mai -1481; der vorige *psḏntyw* fiel auf den IV. *prt* 21.

1 In chronologischer Reihenfolge: L. Borchardt, Die Mittel zur zeitlichen Festlegung von Punkten der ägyptischen Geschichte und ihre Anwendung, Kairo, 1935, 43-4; W.E. Edgerton, AJSLL 53, 1937, 188-197; R.A. Parker, JNES 16, 1957, 39-43; J.v. Beckerath, ZDMG 118, 1968, 18-21; W.J. Murnane, JANES 3, 1970-1, 1-7; W. Helck, MDAIK 28, 1972, 101-2; A. Spalinger, MDAIK 30, 1974, 221-9; E.F. Wente, JNES 34, 1975, 265-272; G. Lello, JNES 37, 1978, 327 - 330; A. Spalinger, GM 33, 1979, 47-54; R.A. Parker in Fs Dunham, Boston, 1980, 146-8; J.v. Beckerath, MDAIK 37, 1981, 42-9; W. Helck, GM 69, 1983, 37-42; R. Krauss, GM 70, 1984, 38-9; R. Krauss, Sothis- und Monddaten, HÄB 20, Hildesheim, 1985, 121-3; L.E. Casperson, JNES 45, 1986, 139-150; P. der Manuelian, Studies in the Reign of Amenophis II, HÄB 26, Hildesheim, 1987, 1-18 (mit ausführlicher Darstellung der Forschungsgeschichte, auf die hier dann verzichtet werden kann).

2 Calendars, Chapter I, vgl. besonders das Schaubild auf S. 14.

3 Siehe das einleitende Kapitel.

4 In JNES 16, 1957, 41. Parker hatte gründlicherweise 7 verschiedene Daten für einen ziemlich langen Zeitraum berechnet, hier werden nur noch die drei Jahre untersucht, die zu einem Regierungsbeginn Thutmosis III. von 1504, 1490 und 1479 v.Chr. führen, alles andere ist zu früh oder zu spät.

(b) (ergibt Jahr 1 um -1489): I. *šmw* 20 ist *psḏntyw* am 11. Mai -1467; der vorige *psḏntyw* fiel auf den 12. April, also den IV. *prt* 21[5].
(c) (ergibt Jahr 1 um -1478): I. *šmw* 21 ist *psḏntyw* am 9. Mai -1456; der vorige *psḏntyw* fiel auf den IV. *prt* 21.
b) Das Weitere ist bekannt, wer einen Regierungsbeginn um 1504/1479 v.Chr. haben möchte, läßt den Text, wie er ist, wer Thutmosis III. lieber um 1490 v.Chr. auf den Thron setzen möchte, emendiert das Datum der Schlacht von Tag 21 in 20. Bevor darauf eingegangen wird, müssen zunächst die neuen Berechnungen von Casperson[6] betrachtet werden.
Dieser hatte auf astronomisch gegenüber den Neugebauerschen Tafeln verbesserter Basis herausgefunden, daß das emendierte Datum I. *šmw* 20 rechnerisch auf ein Thronbesteigungsjahr von -1503 führt. D.h. er bestätigt Parkers Emendierung bei gleichzeitiger Korrektur seiner Rechnung. Dies ist ein verblüffendes Ergebnis, in einer Skizze lassen sich die Rechnungen und Schlußfolgerungen Caspersons[7] verdeutlichen:

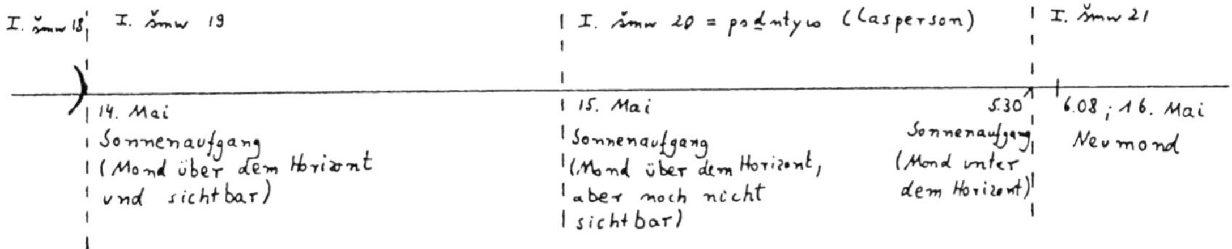

Das ist einer der Fälle, in denen die Rechnung nach den Neugebauerschen Tafeln ein falsches Ergebnis liefert, nach einer Stichprobe von Casperson ist dies bei jeder 4. bis 5. Rechnung der Fall[8]. Dies Resultat hat man erst einmal zu akzeptieren, ohne Emendierung wird -1503 weniger wahrscheinlich.
Im zweiten Fall, der zu -1489 führt, stimmen Parkers, Caspersons und Muckes Rechnungen überein, ohne Emendierung ist auch dies Datum weniger wahrscheinlich.
Der letzte Fall, der ein Thronbesteigungsdatum von -1478 ergeben würde, wurde nur von Mucke berechnet. Altlicht: 8. Mai -1456 (Megiddo; ebenso Memphis), was *psḏntyw* am

5 Dieser Wert wird von Parker nicht angegeben, er läßt sich aber aus den beiden Tabellen bei Casperson, JNES 45, 1986, 147 und 149 ablesen.

6 In JNES 45, 1986, 139-150. Sämtliche Monddaten wurden mittlerweile von H. Mucke, Astronomisches Büro Wien, noch einmal berechnet, sie werden veröffentlicht in einem Anhang zu meinem Beitrag für den Kongreßband High, Middle or Low II (Second International Colloquium on Absolute Chronology, Schloß Haindorf/Langenlois, 12.-14. 8. 1990), im folgenden abgekürzt als Mucke.

7 Casperson, op. cit., 146. Ebenfalls Mucke: Altlicht: 14. Mai -1481, d.h. *psḏntyw* am 15. Mai = I. *šmw* 20.

8 Casperson, op. cit., 143.

9. Mai = I. *šmw* 21 ergibt. Dies Datum stimmt als einziges mit dem überlieferten nicht-emendierten Text überein.

c) Bei der Emendierung des Datums in Zeile 84 (Urk. IV, 657) soll der Grund in Zeile 56 zu finden sein. Der Text lautet:

Wer emendiert, übersetzt die Passage wie folgt: "Year 23, first month of summer, day 19: Awakening in life in the tent of l., p., h., at the city of ᶜAruna"[9]. Da sich alles weitere bis zur Schlacht am gleichen Tag abgespielt habe, müsse man das Datum der Schlacht in Tag 20 verbessern.

Die Gegner einer Emendation verfahren zweigleisig. Zum einen wird angezweifelt, daß man *r dmi n ᶜrn* mit "at the city of ᶜAruna" übersetzen darf. Helck[10] übersetzt "Tag 19. Aufwachen im Zelt. Zur Stadt ᶜAruna.". Diese Übersetzung ist gerade angesichts der Zeilen 13-5 derselben Inschrift weit mehr als nur eine Möglichkeit. Man vgl. "Jahr 23, I. *šmw* 4. Tag des Krönungsfestes. Zur Stadt (*r dmi n*) .... Gaza. [Jahr 23], I. *šmw* 5. Aufbruch von diesem Ort" mit dem oben zitierten Text.

Wer nach wie vor ein Aufwachen in Aruna für sicher hält, der muß einen Aufsatz des verstorbenen Glen Lello widerlegen[11]. Dieser argumentierte, daß man zwar als Ägyptologe nicht wissen kann, wie lange Thutmosis III. am Tag vor der Schlacht zu schlafen pflegte, daß aber die ägyptische Tages- und Datumsgrenze, nämlich der Sonnenaufgang, bekannt ist. Hat man nun die Information, daß jemand am Tag 19 aufwacht, den ganzen Tag etwas unternimmt und am nächsten Tag, dem Tag 21 eine Schlacht führt, dann folgt daraus, daß das Aufwachen vor Sonnenaufgang erfolgte, also kalendarisch zum Tag 19 gehört, die Unternehmungen nach Sonnenaufgang am Tag 20 stattfanden und die Schlacht nach Sonnenaufgang am Tag 21 geschlagen wurde. Diese Überlegung schließt vom Bekannten (Tagesbeginn: Sonnenaufgang) auf das Unbekannte (Aufwachen Thutmosis III.) und ist logisch völlig korrekt, Polemiken sind hierzu gänzlich unangebracht, zumal, wenn sie so schlecht begründet werden[12]. Man kann Lello nicht dadurch widerlegen, daß man einfach behauptet, der ägyptische Tagesbeginn sei die Dämmerung und nicht der Sonnenaufgang, in einen solchen Fall wäre eine Auseinandersetzung mit Sethes Zeitrechnung fällig[13]. Insbesondere kann man eine solche Behauptung nicht aus der Existenz einer 8 Stunden

9 Z.B. Spalinger, MDAIK 30, 1974, 225.

10 MDAIK 28, 1972, 101-2. Weitere Belege für die Wendung bei Helck in GM 69, 1983, 37-40.

11 In JNES 37, 1978, 327-330.

12 Spalinger in GM 33, 1979, 47-54.

13 Vgl. zum äg. Tagesbeginn das einleitende Kapitel.

messenden Sonnenuhr ableiten, denn (1) gibt es noch eine Reihe anderer Sonnenuhren, was man bei Borchardt[14] nachlesen kann und (2) werden nur deswegen die fehlenden 4 Stunden nicht gemessen, weil am Morgen und am Abend die Schatten zu lang sind, vgl. die Abb. bei Neugebauer/Parker[15].

Zusammenfassend kann man sagen, daß ein zwingender Grund zur Textverbesserung nicht vorliegt, es gilt nach wie vor die programmatische Äußerung, mit der Spalinger seine Emendierung einleitet[16]: "Follow the text. This must be the first procedure for every scholar..." Dem ist nichts hinzuzufügen. Im Text (Urk. IV, 657) steht I. *šmw* 21, der genaue Tag des Neumondsfestes (*psḏntyw*).

d) Da eine Emendierung nicht gerechtfertigt ist, kann man als Zwischenergebnis formulierten, daß das erste Monddatum Thutmosis III. zu einem Regierungsbeginn von -1503 und -1489 weniger gut passen würde, in beiden Fällen hätte man einen Mond sehen müssen, der rechnerisch nicht mehr zu sehen war, lediglich das Datum, das zu einem Regierungsbeginn von -1478 führt, stimmt mit dem überlieferten nichtemendierten Text überein.

2. Der Neumond bei der Tempelgründung in Karnak

a) Zunächst seien für die drei in Frage kommenden Jahre die Rechenergebnisse wiedergegeben, die bei diesem Monddatum bei den ersten zwei Daten bei Parker[17], Casperson[18] und Mucke übereinstimmen.

(a) (ergibt Jahr 1 um -1503): III. *prt* 1 ist *psḏntyw* am 24. Februar -1479, der vorige *psḏntyw* fiel auf den II. *prt* 1 (Casperson), II. *prt* 2 (Parker)[19], d.h. der II. *prt* 30 war der 30. Mondmonatstag (Casperson), der 29. Mondmonatstag (Parker).

14 Die Geschichte der Zeitmessung und der Uhren, Band I, Berlin, 1920, 32ff.

15 EAT I, 117. Beide geben auf S. 118 eine etwas andere Interpretation, indem sie jeweils eine Stunde für die Morgen- bzw. Abenddämmerung abziehen. Selbst wenn das richtig ist, so folgt daraus noch lange nichts über den normalen ägyptischen Tagesbeginn, genauso wenig, wie die Stundenmessung durch kulminierende Dekansterne zwingend zu einem Tagesbeginn "Anfang der astronomischen Dämmerung" führen muß. Das heißt nur, daß die Dämmerungserscheinungen mit der Stundenmessung durch Dekansterne bzw. Sonnenuhren nicht mehr erfaßt werden können, ein rein technisches Problem, das bei einer Waseruhr schon nicht mehr auftritt. Aus diesem Grund ist auch die Argumentation von Parker, Fs Dunham, Boston, 1980, 146-7 hinfällig. Man kann, um das noch einmal deutlich zu sagen, auch mit noch so genauen Rechnungen nichts über das Aufwachen Thutmosis III. aussagen.

16 Spalinger in GM 33, 1979, 51.

17 JNES 16, 1957, 41-2.

18 JNES 45, 1986, 147 und 149.

19 Ein Grenzfall.

(b) (ergibt Jahr 1 um -1489): II. *prt* 29 ist *psḏntyw* am 19. Februar -1465, der vorige *psḏntyw* fiel auf den I. *prt* 30, d.h. der II. *prt* 30 war der 2. Mondmonatstag.
(c) (ergibt Jahr 1 um -1478)[20]: III. *prt* 1 ist *psḏntyw* am 18. Februar -1454, der vorige *psḏntyw* fiel auf den II. *prt* 1, d.h. der II. *prt* 30 war der 30. Mondmonatstag. Die neuen Berechnungen von Mucke ergeben dagegen Altlicht: 16. Februar -1454 (sowohl Karnak wie Memphis), d.h. *psḏntyw* am 17. Februar = II. *prt* 30.
b) Die entscheidenden Zeilen der Inschrift[21] lauten:

Diese Passage soll auf so verschiedene Weise übersetzbar sein, daß am Ende unterschiedliche Neumondsdaten herauskommen.
Fall 1: *psḏntyw* fällt laut Text auf den II. *prt* 30, diese Angabe soll zur mittleren Chronologie von -1489 führen. Wirft man aber einen Blick in die obige Aufstellung, so stellt man fest, daß *psḏntyw* in dieser Variante schon am II. *prt* 29 war. An diesem Punkt setzt die Kritik Caspersons ein, der gezeigt hat, daß mehrere Fehler um jeweils einen Tag keineswegs als gleichwertig zu behandeln sind[22].
Unterfall A: Überliefert ist der II. *prt* 30, der Rechnung nach fällt *psḏntyw* auf den II. *prt* 29. Hierfür muß in der Morgendämmerung, kurz vor Beginn des II. *prt* 29 bei Sonnenaufgang, ein Altlicht beobachtet worden sein, daß rechnerisch nicht mehr zu beobachten war.
Unterfall B: Überliefert ist der II. *prt* 30, der Rechnung nach fällt *psḏntyw* auf den III. *prt* 1. Hierfür muß in der Morgendämmerung, kurz vor Beginn des II. *prt* 30 bei Sonnenaufgang, ein Altlicht nicht mehr beobachtet worden sein, obwohl es rechnerisch noch zu beobachten war. Bei schlechtem Wetter wäre dies jederzeit möglich.
Bei einer derartigen Gegenüberstellung wird deutlich, daß der Fehler in der einen Richtung (Unterfall B) leicht erklärbar ist, während er in der anderen Richtung wesentlich unwahrscheinlicher ist.
Fazit: Sollte *psḏntyw* laut Text auf den II. *prt* 30 fallen, so würde dies Datum bei weitem die beiden Jahre -1503/-1478 bevorzugen, während -1489 als Thronbesteigungsdatum wahrscheinlich auszuscheiden hätte.
Fall 2: *psḏntyw* fällt laut Text auf den III. *prt* 1, dies führt zu -1503 als Regierungsbeginn Thutmosis III, -1478 und -1489 hätten auszuscheiden.
Nach diesen klärenden Vorbemerkungen kann man sich dem Text zuwenden. Parker[23],

20 Von Casperson nicht mehr berechnet.

21 Vollständig bearbeitet bei v. Beckerath, MDAIK 37, 1981, 42-9; Auszug bei der Manuelian, Studies in the Reign of Amenophis II, HÄB 26, Hildesheim, 1987, 8.

22 JNES 45, 1986, 146-150.

23 In Fs Dunham, Boston, 1980, 147.

Befürworter von -1489, gibt zu der Stelle folgende Übersetzung und Kommentar, wobei er sich mit den Übersetzungsvarianten Wente's[24] auseinandersetzt:

"The second lunar date of Thutmose III has to do with the foundation of the Akhmenu. The straightforward translation of the text (after Wente) reads: "My Majesty gave the order to prepare for the stretching of the cord while awaiting the day of the new moon in order to stretch the cord for this monument in year 24, II *prt* 30, (being) the day of the tenth day feast of Amun in Karnak." Wente, however, prefers to take the text as emphasizing the date, thus: "It was in Year 24, II *prt* 30, ...that My Majesty gave the order to prepare for the stretching of the cord...." Wente assumes that the very next day, III *prt* 1, was the day of *psḏntyw* but that remains an assumption. Now stretching-the-cord was the primary act in founding a temple and it would seem self-evident that a foundation text that mentions only one date in association with that act would give the date on which it indeed take place. Surely the simple, common sense reading should be preferred to one based on a hypothetical, syntactical judgment."

Ob ein Tag x *psḏntyw* wird, entscheidet sich spätestens am Tag (x-1). Es sind zwei Fälle zu unterscheiden[25]:

1. Fall: Tag (x-1) ist der 29. Mondmonatstag. In der letzten Stunde dieses Tages, kurz vor Sonnenaufgang, dem Beginn des 30. Mondmonatstages, wird beobachtet, ob Altlicht sichtbar ist oder nicht.

Möglichkeit A: Altlicht ist nicht mehr sichtbar, dann beginnt bei Sonnenaufgang *psḏntyw*, der vorhergehende Mondmonat hatte 29 Tage.

Möglichkeit B: Altlicht ist noch sichtbar, dann beginnt bei Sonnenaufgang der 30. Mondmonatstag und man weiß schon im voraus, daß am Tag (x+1) *psḏntyw* sein wird.

2. Fall: Tag (x-1) ist der 30. Mondmonatstag. Fall 1, Möglichkeit B war eingetreten, man weiß sicher, daß der folgende Tag *psḏntyw* sein wird.

Warten auf *psḏntyw* kann man also am 29. und am 30. Mondmonatstag[26], jedoch unmöglicherweise an diesem Tag selbst. In der ersten Auflage ging ich davon aus, daß sowohl das Strickspannen wie das Warten auf *psḏntyw* am II. *prt* 30 stattfand, mit der Konsequenz, daß *psḏntyw* frühestens auf den III. *prt* 1 fallen könne. Nach diesem An-

24 JNES 34, 1975, 265-72.

25 Schaltregel nach Parker, Calendars,Kapitel 1. Vgl. insbesondere Abb. 10 auf S. 14.

26 V. Beckerath, MDAIK 37, 1981, 48 behauptet, daß man nur am 30. Mondmonatstag auf *psḏntyw* warten könne und zieht daraus den Schluß, daß im vorliegenden Fall der II. *prt* 20 30. Mondmonatstag ist. Das ist falsch, die Widerlegung findet sich sogar bei v. Beckerath selbst, der den Vorgang im Prinzip richtig beschreibt. Damit ist auch seine Schlußfolgerung hinfällig, daß -1503 als Thronbesteigungsdatum nicht mehr in Frage komme, da der entsprechende Mondmonat nur 29 Tage gehabt hätte und man an diesem Tag noch nicht auf den Neumond gewartet haben könne. Hinzu kommt, was v. Beckerath noch nicht wissen konnte, daß diese Tatsache ansich zweifelhaft ist, vgl. die Rechenergebnisse von Casperson und Parker.

satz wäre das Strickspannen in die letzte Stunde des II. *prt* 30 gefallen, während kurze Zeit später mit Sonnenaufgang der Tag *psḏntyw* (= III. *prt* 1) begonnen hätte. Diese Überlegung ist nicht falsch, sie ist jedoch nicht die einzig mögliche und nach den neueren Berechnungen die unwahrscheinlichere.

Das wahrscheinlichste Szenario, zu dem dann nur noch das dritte Datum paßt, ist folgendes: Die Vorbereitungen für das Strickspannen fanden statt vor dem Sonnenaufgang des 17. Februar, in ägyptischen Daten in den letzten Stunden des II. *prt* 29. Bei diesem Datum handelt es sich um den 29. Mondmonatstag[27], einen der beiden Tage, an denen man auf *psḏntyw* warten kann. Man wartete also am 17. Februar bis Sonnenaufgang, ob die Mondsichel (Altlicht) noch sichtbar wurde, dies war aber nicht mehr der Fall (vgl. die Berechnungen von Mucke). Bei Sonnenaufgang, dem Beginn des II. *prt* 30 begann somit *psḏntyw* und man führte an diesem Tag das Strickspannen durch.

In Verbindung mit dem ersten Monddatum[28] ergibt sich das folgende chronologische Ergebnis: -1489 als Thronbesteigungsdatum Thutmosis III. scheidet auf jeden Fall aus, es paßt zu keinem der beiden überlieferten Daten. Der Ansatz, der zu -1503 führt, paßt nicht zum ersten Monddatum und nur u.U. zum zweiten. Dagegen stimmt der letzte Ansatz als einziger mit beiden Monddaten voll überein, -1478 als Thronbesteigungsdatum Thutmosis III erscheint gesichert.

3. Die Tempelgründung selber

a) Aus der Tatsache, daß der zu bauende Tempel im Osten des Tempelbezirks (Zl. 3-4 der Inschrift) liegen sollte, hat man den plausiblen Schluß gezogen, daß es sich dabei um das *ꜣḫ-mnw* handele[29]. Im vorangehenden Kapitel konnte festgestellt werden, daß einige Tempel auf ein astronomisches Ereignis hin ausgerichtet sind; sofern ein Baudatum erhalten war, ließ sich dies mit dem zurückrechenbaren Himmelsereignis in Übereinstimmung bringen. Die Hauptachse des Amuntempels, zugleich Querachse des *ꜣḫ-mnw* weicht nach Jacquet[30] $29^{gr}.2 = 26^{o}.3$ vom Osten nach Süden ab, dieser Wert deckt sich ziemlich mit den $26^{o}.7$ von Lepsius[31]. Das Aufgangsazimut der Sonne zur Zeit der Wintersonnenwende betrug für -1500 etwa $63^{o}.7$ Süd über Ost nach Nord, d.h. $26^{o}.3$ von Osten nach

27 *psḏntyw* des vorhergehenden Monats war nach Parker, JNES 16, 1957, 41 der II. *prt* 1.

28 Das 3. Monddatum, das im P. Leningrad 1116 A enthalten sein soll, ist höchst unsicher,man kann chronologische Rekonstruktionen nicht auf Spekulationen über die Zeitdauer des Bierbrauens aufbauen. Derselben Ansicht der Manuelian, Studiesin the Reign of Amenophis II, HÄB 26, Hildesheim, 1987, 14, der auf S. 12-6 die ganze Literatur auflistet.

29 Dies die einhellige Meinung, z.B. von Beckerath, MDAIK 37, 1981, 47; der Manuelian, op. cit., 7.

30 J. Jacquet, Le Tresor de Thoutmosis Ier, Karnak-Nord V, FIFAO 30/1, 1983, 13.

31 LD I, 78. 55° zuzüglich der Mißweisung für Theben, 7. Dez. 1844 8° 20' = $8^{o}.3$ nach Westen, d.h. $63^{o}.3$ bzw. $26^{o}.7$.

Süden[32]. Diese Zahl gilt für den ebenen Horizont, bei kleinen Erhebungen wird der Wert von 26°.3 geringfügig größer. Die Übereinstimmung dürfte in jedem Fall ausreichen, um sicher sagen zu können, daß der Karnaktempel und damit das *ꜣḫ-mnw* nach der Wintersonnenwende hin ausgerichtet ist.

Bleibt zu prüfen, ob das Datum Jahr 24, II. *prt* 30, dem *psḏntyw*, an dem das Strickspannen stattfand, etwas mit der Wintersonnenwende zu tun hat. Der II. *prt* 30 ist nach der Lösung (c) der 17. Februar -1454, dieser Tag entspricht keineswegs dem Wintersolstitium.

Es gab dennoch für die Ägypter einen triftigen Grund, das Strickspannen für den II. *prt* 30 zu planen. Im Kapitel über den Monatsnamen *wpt-rnpt* war dargelegt worden, daß der idealisierte bürgerliche Kalender so definiert war, daß der Sothisfrühaufgang den Neujahrstag verkündete und daß dieser Tag zum Zeitpunkt der Apokatastasis des Alten Reiches mit der Sommersonnenwende zusammenfiel. Es gab also zwei ideelle Anfangspunkte des bürgerlichen Kalenders, die sich im Laufe der Zeit immer weiter voneinander entfernten und im NR zu zwei unterschiedlichen *wpt-rnpt* führten. Die Idealisierung nach dem Sothisaufgang ist die weitaus häufigere, es fand sich aber auch ein Beispiel, bei dem die Sommersonnenwende auf den I. *ꜣḫt* 1 gelegt wurde und die Wintersonnenwende auf den III. *prt* 1. Das Beispiel stammt aus dem römischen Mammisi von Dendera und wurde in einem Exkurs am Ende des zitierten Kapitels behandelt. Ein weiterer Beleg findet sich in einem mythologischen Text (Urk. VI, 138, 19-22): "Du (=Seth) hast das (heile) Auge in Heliopolis verletzt [Du bist es,der das (heile) Auge in Heliopolis geschädigt hat] am Tage des Festes der Gesichter [am letzten Tage des zweiten Monats des Winters]."[33]. Die Wintersonnenwende entspricht je nach Blickwinkel dem Zeitpunkt der größtmöglichen Schwächung des Sonnengottes wie dem Anfang der kontinuierlichen Stärkung der Sonnenkraft. Im ersten Fall bedeutet dies mythologisch die Zerstörung des Sonnenauges, im zweiten Fall liegt die Betonung auf dem Beginn seiner Zusammensetzung. Deshalb kann der II. *prt* 30 im Totenbuchkapitel 125 genannt werden: "Jener Tag der Füllung des Udjatauges in Heliopolis (*hrw pwy n mḥ(t) wḏꜣt m Iwnw m II. prt ʿrḳy*)[34]. M. E. ist die geplante Tempelgründung des *ꜣḫ-mnw* für den II. *prt* 30 ein zweiter Beleg für die mögliche Idealisierung Sommersonnenwende = Jahresanfang. Es ist zudem das bislang einzige Datum, bei dem bewußt auf die kurz-

32 Rechnung nach NTAC III, § 18.

33 Für die Symbolik verletztes Sonnenauge = Wintersonnenwende und vollständig gefülltes Auge = Sommersonnenwende siehe das Kapitel über die Tagewählkalender.

34 Naville, Totenbuch, Tafel 133, Zl. 22 (= E. Hornung, Das Totenbuch der Ägypter, Zürich/München, 1979, 236); auf der Stele British Museum Nr. 155 (I.E.S. Edwards, British Museum Hieroglyphic Texts from Egyptian Stelae, etc., Part VIII, London, 1939, S. 48 + Tafel 39) wohl nur versehentlich der I. *prt* 30, vgl. W. Helck, ZÄS 82, 1957, 115. Im gleichen Sinne dürfte das Datum des II. *prt* 30 im Totenbuchkapitel 140 zu beurteilen sein, zitiert bei Helck, op. cit., 130.

fristige vierjährige Übereinstimmung von Baudatum und Himmelsereignis verzichtet wurde zugunsten einer dauerhaften idealen Übereinstimmung. Ob man das damit erklären soll, daß man das Himmelsereignis sowieso nicht mehr benötigte, da die Achse im vorliegenden Fall ja seit Jahrhunderten feststand und man im umgekehrten Fall einige Jahre später überhaupt keine Übereinstimmung zwischen Himmelserscheinung und Kalenderdatum gehabt hätte, sei dahingestellt. Die Planung ansich ist verständlich; die Tatsache, daß zufällig auf diesen Tag auch noch ein *psḏntyw* fiel, war u.U. nur ein (erwünschter) Nebeneffekt.

b) Ein zweites Beispiel für ein solches idealisiertes Datum könnte die Sphinxstele enthalten, die in das Jahr 1 Thutmosis IV., III. *ꜣḫt* 19 datiert ist (Urk. IV, 1540). Dies Datum dürfte bei der oben wahrscheinlich gemachten Kurzchronologie (Thutmosis III. Jahr 1 = -1478) ungefähr in das Jahr -1400 fallen und ist von der Apokatastasis (-1314/13)[35] rund 90 Jahre entfernt. Das Verhältnis zwischen Sommersonnenwende und Sothisaufgang blieb in der damaligen Zeit knappe 120 Jahre konstant[36], zum Zeitpunkt der Apokatastasis fiel die Herbst-Tagundnachtgleiche auf den III. *ꜣḫt* 19[37]; hätte man zur Zeit Thutmosis IV. dieses Ereignis in einem auf den Sothisfrühaufgang hin idealisierten Kalender dargestellt, wäre man auf dasselbe Datum gekommen. Nur an den beiden Äquinoktien geht die Sonne genau im Osten auf, die Azimiutänderungen des Sonnenaufgangs von einem Tag auf den anderen sind zu diesen Zeiten am größten. Da der Sphinx mit einer Genauigkeit von $0^{o}.1$ nach Osten hin orientiert ist[38], der Name des Sphinx obendrein Harmachis: "Horus im Horizont" bedeutet, sehe ich in dem III. *ꜣḫt* 19 der Traumstele Thutmosis IV. ein weiteres idealisiertes Datum, das so gewählt wurde, daß in einem idealisierten bürgerlichen Kalender an diesem Tag, dem Herbstäquinoktium, die Sonne genau gegenüber des Sphinx aufging.

35 Siehe das Kapitel über die Tagewählkalender.

36 Berechenbar durch die Angabe von Ingham, JEA 55, 1969, 39, der die Länge des Sothisjahres und des tropischen Jahres angibt.

37 Vgl. das Kapitel über die Tagewählkalender.

38 Diese Zahl berechnet sich wie folgt: Bei V. Maragioglio, L'architettura della Piramidi Menfite, Parte V, Tav. 14 findet sich die Angabe, daß nach Hölscher die Achse des Sphinx 2° 30' weiter nördlich als die Achse des Harmachistempels liegt. Nach H. Ricke, Der Harmachistempel des Chephren in Giseh, Beitr. Bauforschung Heft 10, Plan 1 beträgt das Azimut der Tempelachse 91° 32' Nord über Ost gegenüber dem magnetischen Norden 1966. D.h. die Achsenabweichung des Sphinx vom magnetischen Norden 1966 betrug 91° 32' - 2° 30' = 89° 02'. Die Mißweisung für Giza 1966 beträgt nach E.H. Vestine u.a., Description of the Earth's Main Magnetic Field and its Secular Changes, 1905-1945, Carnegie Institution of Washington Publication 578, Washington D.C., 1948, S. 151 rund $+0^{o}.9$ (erhalten durch Extrapolation). 89° 02' + $0^{o}.9$ ergibt fast 90° Abweichung der Sphinxachse vom geographischen Norden nach Osten bzw. exakte Orientierung nach Osten.

Akzeptiert man diesen Gedankengang, hätte man einen weiteren Beleg für Memphis/Heliopolis als Beobachtungspunkt des Sothisaufgangs. Ein Herbstäquinoktium am III. *ꜣḫt* 19 führt zu einem Sommersolstitium am IV. *šmw* 19, das dann 11 Tage vom Sothisaufgang entfernt ist, ein Wert, der nur für Unterägypten, jedoch keinesfalls für Theben oder Elephantine zutrifft[39].

Anhang: Das Monddatum aus der Zeit Ramses II.

Die folgenden Bemerkungen wenden die oben unter 2. angeführten Überlegungen noch einmal auf das Monddatum Ramses II. an.

Überliefert ist Jahr 52, II. *prt* 27 *psḏntyw*. Nach Mucke kommen folgende Lösungen in Frage:

(a) II. *prt* 28 ist *psḏntyw* am 26. Dezember -1252 (Jahr 1 ist -1303).

(b) II. *prt* 26 ist *psḏntyw* am 21. Dezember -1238 (Jahr 1 ist -1289).

(c) II. *prt* 29 ist *psḏntyw* am 20. Dezember -1227 (Jahr 1 ist -1278).

Zu (a): In diesem Fall muß in den Morgenstunden, kurz vor Beginn des II. *prt* 27 bei Sonnenaufgang, ein Altlicht nicht mehr beobachtet worden sein, obwohl es rechnerisch noch zu beobachten war.

Zu (b): In diesem Fall muß in den Morgenstunden, kurz vor Beginn des II. *prt* 26 bei Sonnenaufgang, ein Altlicht beobachtet worden sein, das rechnerisch nicht mehr zu beobachten war. Dieser Fall setzt eine bewußte Manipulation voraus und scheidet aus.

Zu (c): Bei diesem Datum kommt es zu einer Abweichung von zwei Tagen zwischen berechnetem und überliefertem Datum, was unwahrscheinlich ist.

Als Ergebnis kann man festhalten, daß ein Regierungsbeginn Ramses II im Jahr -1289 den Berechnungen zufolge auszuschließen ist. Ein Regierungsbeginn im Jahr -1303 ist wahrscheinlicher als einer im Jahr -1278.

39 Ausführliche Darstellung im Kapitel über die Tagewählkalender.

XI. Zusammenfassung der astronomischen Ergebnisse

1. Der Bezugspunkt des ägyptischen Kalenders war für alle Zeiten der gleiche, er lag in Unterägypten, d.h. Memphis oder Heliopolis. Die vorliegende Untersuchung liefert für diese Tatsache 8 astronomische Argumente, die allesamt voneinander unabhängig sind. Nur eine Widerlegung aller 8 Punkte kann diese Erkenntnis noch umstoßen; es fand sich kein einziger Hinweis auf einen oberägyptischen Beobachtungsort.

(a) Die Tagewählkalender enthalten als idealisierte bürgerliche Kalender implizit einen heliakischen Frühaufgang des Sirius rund eine Stunde vor Beginn des Neujahrstages (I. *ꜣḫt* 1). Der große Tagewählkalender enthält alle vier Punkte des jährlichen Sonnenlaufs, d.h. die beiden Sonnenwenden und die Tagundnachtgleichen, die Zeitdifferenz zwischen diesen Punkten, unabhängig von der geographischen Breite φ und dem Siriusfrühaufgang, abhängig von φ, führt zu einer geographischen Breite von $\varphi = 30^o$.

(b) Ein Tagewählkalender enthält die untere Kulmination von γ Ursae majoris ("Fest des Großen Bären"), unabhängig von φ, ein Vergleich mit dem breitenabhängigen Siriusaufgang führt wieder zu $\varphi = 30^o$.

(c) Der Eberskalender enthält die Sommersonnenwende und den Siriusfrühaufgang, die Zeitdifferenz läßt nur einen unterägyptischen Beobachtungsort zu.

(d) Im Grab des Senenmut ist ein Sothisaufgang am 17. Juli (jul.) verzeichnet, der Tag, an dem der Stern in Memphis aufging.

(e) Der im Senenmutgrab höchstwahrscheinlich abgebildete Zenith ist der von Memphis/ Heliopolis.

(f) Das Nutbild im Kenotaph Sethos I. in Abydos enthält zwei Belege für einen unterägyptischen Beobachtungsort. Sowohl die Differenz Untergang der Sothis - Aufgang wie der zeitliche Unterschied zwischen "Kulmination um Mitternacht" - Aufgang der Sothis lassen keinen anderen Schluß zu.

(g) Die Orientierung der Tempel von Amarna und Heliopolis; die hierfür entwickelte Theorie stimmt nur für einen Kalenderbezugspunkt in Unterägypten.

(h) Das (idealisierte) Herbstäquinoktium auf der Sphinxstele impliziert durch seinen zeitlichen Abstand zum Siriusfrühaufgang eine Beobachtung in Memphis.

2. Es konnten Himmelserscheinungen bei insgesamt 7 Sternen festgestellt werden, die alle zu den drei bekannten Sternbildern gehören.

(a) *msḫtyw* = Großer Bär : Sterne γ, δ und η Ursae majoris.

(b) *sꜣḥ* = Orion : Sterne α, β und $\varkappa$ Orionis.

(c) *spdt* = Sirius (α Canis majoris).

3. Das am häufigsten überlieferte Himmelsereignis ist der heliakische Aufgang des Sirius.

(a) In Kalendern (4 x): Tagewählkalender, Eberskalender, Senenmut und Nutbild.

(b) Bei der Orientierung von Tempeln (mindestens 3 x): Dendera; großer Pylon in Philae; Kapelle mit Pfeilerumgang beim Muttempel.

(c) Bei der Orientierung von Tempeln in Verbindung mit einer Stellung von β Orionis (Rigel) (mindestens 2 x): Abydos; Qurna.
Ein einziges Mal läßt sich auch die Beobachtung des Frühaufgangs von x Orionis nachweisen (Edfu).
4. Für diese Frühaufgänge des Sirius läßt sich der arcus visionis β berechnen
Tagewählkalender: $8^{o}.9$ - $9^{o}.2$
Eberskalender: $8^{o}.7$ - $8^{o}.9$
Senenmut: $8^{o}.9$ - $9^{o}.1$
Nutbild: $9^{o}.1$ - $9^{o}.3$
Der Durchschnitt dieser Werte liegt bei $9^{o}.0$, P.V. Neugebauer hatte 1927 anhand von Beobachtungen L. Borchardts u.a. einen mittleren Wert von ebenfalls $9^{o}.0$ berechnet[1]. Wird der Siriusaufgang beobachtet, um einen Tempel danach auszurichten, so ist der arcus visionis höher; der Grund wird sein, daß ein kurzes Aufflackern in der Dämmerung für eine genaue Einweisung des Helfers mit dem Fluchtstab nicht ausreichte.
5. Es konnten 6 Beispiele dafür gesammelt werden, daß gerade die Kulmination eines Sterns um Mitternacht ein herausragendes Ereignis darstellte.
(a) untere Kulmination γ Ursae majoris (2 x): Tagewählkalender und Edfutempel
(b) untere Kulmination δ Ursae majoris: Edfu
(c) obere Kulmination η Ursae majoris: Senenmut
(d) Kulmination β Orionis: Senenmut
(e) Kulmination α Canis majoris: Nutbild.
6. In drei Fällen wurde die Kulmination des Sirius direkt nach Sonnenuntergang beobachtet; die Tempel von Abu Simbel, Amarna und Heliopolis wurden nach dem Sonnenaufgangsort des darauf folgenden Tages hin ausgerichtet.
7. Das Senenmutgrab enthält 4 Sternpositionen in einem äquatorialen Koordinatensystem: α und β Orionis, α Canis majoris und η Ursae majoris.
8. Die Untersuchung fügt den bekannten Belegen für die Beobachtung des jährlichen Sonnenlaufs 5 weitere hinzu:
(a) Tagewählkalender (alle 4 Punkte)
(b) Eberskalender (Sommersonnenwende)
(c) Karnaktempel (Wintersonnenwende)
(d) Sphinxstele (Herbst- Tagundnachtgleiche)
(e) Römisches Mammisi von Dendera (Sommer- und Wintersonnenwende)
9. Eine Planetenkonstellation ermöglicht die Bestimmung des absoluten Jahres des Senenmutkalenders.
10. Zwei Altlichtdaten (Grundlage für die Bestimmung des *psḏntyw*) führen zu einem Regierungsbeginn Thutmosis III. um 1479 v.Chr. (weniger wahrscheinlich 1504, unmöglich 1490).

1 In OLZ 30, 1927, 446.

11. Es besteht die Möglichkeit, Daten so zu wählen, daß sie nur in einem idealisierten Kalender einen Sinn ergeben. Beispiele sind das Strickspannen in Karnak und die Datierung der Traumstele Thutmosis IV.

12. Neben der Idealisierung auf den Sothisaufgang ist auch eine auf die Sommersonnenwende möglich, vgl. das Strickspannen in Karnak, den Exkurs über das römische Geburtshaus in Dendera und zwei mythologische Texte (Urk. VI, 138, 19-22 und Tb. Kap. 125).

13. Die Interpretation des Nutbildes im Osireion führt zu einer neuen Theorie über die Entstehung des altägyptischen Kalenders.

XII. Historische Ergebnisse

1. Mittleres Reich

Wenn die für die drei Sonnentempel von Abu Simbel, Amarna und Heliopolis entwickelte Theorie richtig ist, so hätte man die Gleichung Jahr 3 Sesostris I = -1968/65, d.h. das Jahr 1 fiele in die Jahre -1970/67. Parker hatte seinerzeit mit Hilfe des Illahundatums und seiner Neumondberechnungen ein Jahr 1 von -1970 für Sesostris I ermittelt[1]. Beide Ergebnisse sind voneinander unabhängig und stützen sich gegenseitig, zugleich ist die Übereinstimmung ein Argument dafür, daß die entwickelte Theorie über die Orientierung dieser Tempel richtig ist. Parkers Berechnungen wurden unlängst angezweifelt[2], diese Zweifel werden hier nicht bestätigt, zumindest nicht für die Zeit Sesostris I Jahr 1 bis Sesostris III, Jahr 7.

2. Neues Reich

a) Wesentlich komplizierter ist die Lage im Neuen Reich. Die vorliegende Arbeit liefert für vier Könige mehr oder weniger sichere Daten.
(1) Amenophis I: Jahr 9, III. *šmw* 9 fällt in die Jahre -1533 oder -1532, weniger wahrscheinlich -1531.
(2) Thutmosis III: Es gibt drei Argumente für einen Regierungsbeginn im Jahr -1478.
(a) Die Monddaten.
(b) Die Planetenkonstellation im Grab des Senenmut. Stimmt die Theorie, ist nur -1478 möglich.
(c) Die Orientierung des Sonnentempels von Amarna. Sie läßt ebenfalls nur -1478 zu, es sei denn, Thutmosis IV hätte über 30 Jahre lang regiert.
(3) Amenophis IV: Für ihn kommt ein Regierungsbeginn in den Jahren -1353/51 in Frage. Dies Ergebnis ist weit weniger sicher als die beiden anderen, da es nur von der Theorie über die Orientierung des Amarnatempels abhängt und zudem voraussetzt, daß Thutmosis IV nicht länger als 9 Jahre regiert hat.
(4) Für Ramses II kommen auf Grund des Monddatums nur -1303 als Regierungsbeginn in Betracht, -1278 ist zumindest unwahrscheinlich.

1 Calendars, Excursus C.

2 Helck, GM 67, 1983, 43ff unter Berücksichtigung mehrerer Arbeiten von Simpson. Für eine Kurzchronologie, die Elephantine als Bezugsort voraussetzt, argumentiert - im Anschluß an Krauss - D. Franke, Or 57, 1988, 113 - 138, siehe dazu aber Helck, Or 58, 1989, 315-7.

b) es gibt zwei Möglichkeiten,diese Zahlen miteinander zu kombinieren:
A: Thutmosis III, Jahr 1 = -1478 und Ramses II, Jahr 1 = -1303, Differenz: 175 Jahre.
B: Thutmosis III, Jahr 1 = -1478 und Ramses II, Jahr 1 = -1278, Differenz: 200 Jahre.
Nach Helck[3] betragen die Regierungszeiten der entsprechenden Könige rund:

Thutmosis III:	52 a	7 m
Amenophis II:	25 a	10 m
Thutmosis IV:	9 a	8 m
Amenophis III:	37 a	x m
Amenophis IV:	16 a	10 m
Semenchkare (+Meretaton)	4 a	6 m
Tutanchamun:	9 a	x m
Eje:	4 a	1 m
Haremhab:	12 a	3 m
Ramses I:	1 a	4 m
Sethos I:	11 a	

Summe: 184 a + x m, also rund 185 Jahre. Diese 185 Jahre wären - stützt man sich auf die astronomischen Berechnungen - entweder um 10 Regierungsjahre zu reduzieren (Möglichkeiten: längere Koregentschaften als bisher angenommen; Thutmosis IV 7 statt knapp 10 Jahre; kürzere Regierungszeit des Semenchkare; Haremhab doch nur 8 Jahre, d.h. die Weinlieferungen des *pr Ḏsr-ḫprw- Rᶜ* aus der Zeit Ramses II, die Inschrift aus dem Jahr 12 (Quirke, JEA 72, 1986, 85ff) nach einer Kopie von Hay ist heute zerstört) oder man hätte eine Überlieferungslücke von etwa 15 Jahren im NR anzunehmen. Zu zwei Königen gibt es wesentlich höhere Ansätze: Haremhab könnte knappe 30 Jahre regiert haben[4], ähnliches wurde auch für Thutmosis IV (33 Jahre) erwogen[5]. Für den Regierungsbeginn Ramses II im Jahr -1303 gibt es zwei astronomische Argumente, die allerdings beide mit Unsicherheiten behaftet sind.

3 SAK 15, 1988, 149-164.

4 Dafür: Hornung, op. cit., 38-40; Redford, JNES 25, 1966, 122-124; Redford, BASOR 211, 1973, 36-49 (mit einer umstrittenen Inschrift); Wente/van Siclen III in: Fs Hughes, SAOC 39, Chicago, 1976, 231-2; von Beckerath, SAK 6, 1978, 43-9; Dagegen: Helck, CdE 48, 96, 1973, 251-265; Helck, GM 67, 1983, 47-8; ders. jetzt ausführlicher in SAK 15, 1988, 150-4.

5 Nur von Wente/van Siclen III, Fs Hughes, SAOC 39, Chicago, 1976, 229-230, siehe dazu jedoch Hornung, MDAIK 47, 1991, 169-71.

(1) Der Festkalender des Medinet-Habu-Tempels verzeichnet einen Sothisaufgang im 1. bürgerlichen Monat (I. *ꜣḫt*)[6]. Für Ramses II bis (ausschließlich) Ramses III sind rund 97 Jahre belegt[7], ein Regierungsbeginn von -1278 für Ramses II würde mindestens zu -1181 für Ramses III führen. Da die Apokatastasis auf -1314/11 oder -1313/10 fällt, dürfte -1190 letztmalig in den I. *ꜣḫt* fallen, was bei -1303 als Regierungsbeginn möglich, bei -1278 jedoch unmöglich ist. Das Gegenargument liefert schon Borchardt[8]: Der Medinet-Habu-Kalender ist eine Abschrift aus dem Ramesseum, es ist denkbar, daß aus Unachtsamkeit das Datum I. *ꜣḫt* nicht in einen eventuellen II. *ꜣḫt* geändert wurde.
(2) Die Apokatastasis fällt in die Jahre -1314 oder -1313, in ihnen wäre der Beginn der umstrittenen Ära ἀπὸ Μενοφρέως zu suchen[9]. Bei einem Regierungsbeginn Ramses II von -1303 fällt die Regierungszeit Ramses I in das Jahr -1314 (Ramses I = 1 Jahr; Sethos I = 10 Jahre) und man könnte die Identifikation Černý's Menophris = *Mn-pḥty-Rꜥ* (Ramses I) übernehmen[10]. Die Übereinstimmung ist frappant, als alleiniges Entscheidungskriterium wird man das Argument trotzdem nicht werten wollen.
Insgesamt stützen diese beiden Argumente ein wenig die Möglichkeit A gegenüber B, ohne letztere völlig ausschließen zu können; auch für -1278 gibt es Gründe, die aber genausowenig entscheidungskräftig sind[11]. Die Entscheidung zwischen A und B hängt im wesentlichen davon ab, wie man die bei B entstehende Überlieferungslücke einschätzt und für wie sicher man die oben unter a) (2) bis (4) aufgeführten astronomischen Argumente hält.

6 MHC, 629.

7 Wente/van Siclen III in: Fs Hughes, SAOC 39, Chicago, 1976, 251-3 und 256-7.

8 Die Mittel zur zeitlichen Festlegung von Punkten der ägyptischen Geschichte und ihre Anwendung, Kairo, 1935, 17.

9 Ed. Mayer, Aegyptische Chronologie, Berlin, 1904, 28-30 (mit gr. Text); L. Borchardt, op. cit., 17-8; J. Černý, JEA 47, 1961, 151-2; E. Hornung, Untersuchungen zur Chronologie und Geschichte des Neuen Reiches, Äg. Abh. 11, Wiesbaden, 1964, 61-2; J. von Beckerath, ZDMG 126, 1976, 5-9; Wente/van Siclen III, Fs Hughes, SAOC 39, Chicago, 1976, 233-4; R. Krauss, Sothis- und Monddaten, HÄB 20, Hildesheim, 1985, 199-200.

10 JEA 47, 1961, 151-2.

11 Synchronismen mit Vorderasien, siehe z.B. Hornung, op. cit., 50-2; Bierbrier, JEA 64, 1978, 136-7, die aber alle mit einer gewissen Unsicherheit behaftet sind, vgl. das Schlußwort von J.D. Schmidt, Ramesses II, Baltimore, 1973, 13: "...Mesopotamian chronology cannot determine the accession date of Ramesses II." Ähnlich Bierbrier, The Late New Kingdom in Egypt, Warminster, 1975, 111: "Thus the evidence from other Near Eastern countries cannot be regarded as decisive in determining the accession date of Ramesses II."

Dem Verfasser selbst erscheinen astronomische Berechnungen und damit Lösung A angesichts der kurzen Zeiträume, die letztendlich strittig sind, für die Bestimmung einer absoluten Chronologie immer noch sicherer als die sonst vorgeschlagenen Methoden[12]. Mit anderen Worten: Stimmen die astronomischen Berechnungen und die historischen Rekonstruktionen nicht überein und die Zeit zwischen Thutmosis III und Ramses II ist dafür ein gutes Beispiel, wo, vereinfacht gesagt, die Rekonstruktionen entweder 10 Jahre zuviel oder 15 Jahre zuwenig ergeben, so muß der Fehler nicht notwendigerweise bei der Astronomie liegen.

Ein anderer Fall ist die Zeit vor Thutmosis III. Die drei Könige Amenophis I, Thutmosis I und II haben mindestens 31 Jahre regiert[13], was auf den ersten Blick kaum mit einem Regierungsbeginn Thutmosis III im Jahr -1478 und einer absoluten Datierung des Eberskalenders in die Jahre -1533/2 zu vereinbaren ist.

Das Problem liegt bei der Behandlung der Epagomenen, d.h. der fünf Zusatztage am Ende des Jahres. Diese kommen im Eberskalender nicht vor, sie wurden aber selbstverständlich von mir und allen anderen bei der Umrechnung der ägyptischen in absolute julianische Daten mit berücksichtigt. D.h. bei dieser Umrechnungsweise wandert der Sothisaufgang vom III. *šmw* 9 nach vier Jahren zum III. *šmw* 10, nach weiteren vier zum III. *šmw* 11 usw. bis zum IV. *šmw* 30, dann auf den 1. Epagomenentag, bis er auf den 5. Epagomenentag fällt und die Apokatastasis, d.h. der Zusammenfall von ideellem und tatsächlichen bürgerlichen Kalender erreicht ist. Mit anderen Worten, der Sothisaufgang ist 56 Tage von der Apokatastasis entfernt. Noch anders ausgedrückt: In diesem Fall ist *wpt-rnpt* 120 Jahre lang mit dem III. *šmw* identisch und ebenfalls 120 Jahre mit allen übrigen Monaten, jedoch mit dem IV. *šmw* 140 Jahre.

Es könnte aber sein, daß diese Umrechnung falsch ist, d.h., daß bei der richtigen Umrechnung die Epagomenen nicht mit berücksichtigt werden dürfen. D.h. der Sothisaufgang und mit ihm natürlich auch die Sommersonnenwende wandert (im Eberskalender!) durch das bürgerliche Jahr bis zum IV. *šmw* 30, um danach sofort auf den I. *ꜣḫt* 1 zu springen. Das hieße, die Entfernung zur Apokatastasis betrüge nur 51 Tage für den Sothisaufgang und die absoluten Daten würden sich um 20 Jahre nach vorn verschieben, d.h. statt

12 M.E. eignen sich dazu weder die Altersbestimmungen bei den Königsmumien (unsicher, ob es sich tatsächlich um den jeweiligen König handelt), die Zahl der Skarabäen (Zahl kann pro König schwanken, vgl. Thutmosis III) noch die Sedfeste (es gibt Ausnahmen von der 30-Jahres-Regel).

13 7 Belege in 21 Jahren für Amenophis I (Jahr 7, 8 (2x), 9, 10, 20, 21), siehe F.J. Schmitz, Amenophis I, HÄB 6, Hildesheim, 1978, 8-11; 7 Belege in 9 Jahren für Thutmosis I (Jahr 1, 2, 3 (3x), 4, 9 = Urk. IV, 81, 82, 88, 89, 91 und Mar. Karn. Tafel 32f); Jahr 1 Thutmosis II (Urk. IV, 137). Für Thutmosis II siehe jetzt von Beckerath, SAK 17, 1990, 65-74, der für eine längere Regierungszeit, eventuell die bei Manetho überlieferten 13 Jahre, argumentiert.

-1533/2 wäre -1513/2 einzusetzen, womit die Regierungszeit der drei Könige Amenophis I, Thutmosis I und II auf etwa 43 Jahre zusammenschmelzen würde, was durchaus historisch möglich ist.

Literaturverzeichnis

A. el-Mohsen Bakir, The Cairo Calendar, Cairo, 1966

L. Borchardt, Die Annalen und die zeitliche Festlegung des alten Reiches der ägyptischen Geschichte, Berlin, 1917

L. Borchardt, Die Mittel zur zeitlichen Festlegung von Punkten der ägyptischen Geschichte und ihre Anwendung, Kairo, 1935

L. Borchardt, Die altägyptische Zeitmessung in: E. von Bassermann-Jordan, Die Geschichte der Zeitmessung und der Uhren, Band 1, Lieferung B, Berlin, 1920

F.K. Ginzel, Handbuch der mathematischen und technischen Chronologie I, Leipzig, 1906

E. Hornung/E. Staehelin, Studien zum Sedfest, Aegyptiaca Helvetica 1, Genf, 1974

E. Hornung, Untersuchungen zur Chronologie und Geschichte des Neuen Reiches, Äg. Abh. 11, Wiesbaden, 1964

R. Krauss, Sothis- und Monddaten, HÄB 20, Hildesheim, 1985

H.O. Lange/O. Neugebauer, Papyrus Carlsberg no. I, ein hieratisch-demotischer kosmologischer Text, Kopenhagen, 1940

P. der Manuelian, Studies in the Reign of Amenophis II, HÄB 26, Hildesheim, 1987

C. Meyer,Senenmut. Eine prosopographische Untersuchung. Dissertation, Hamburger Ägyptologische Studien 2, Hamburg, 1982

E. Meyer, Aegyptische Chronologie, Abh. der Kgl. Preuß. Akad. d. Wiss., Berlin, 1904.

E. Meyer, Nachträge zur ägyptischen Chronologie, SPAW 1908

O. Neugebauer/R.A. Parker, Egyptian Astronomical Texts,Bd. I-III, Providence, 1960-9, Abk.: EAT

P.V. Neugebauer, Astronomische Chronologie, Bd I Text, Bd II Tafeln, Berlin/Leipzig, 1929,Abk.: NAC

P.V. Neugebauer, Tafeln zur astronomischen Chronologie, Bd I-III, Leipzig, 1912-22, Abk.: NTAC

R.A. Parker, The Calendars of Ancient Egypt, SAOC 26, Chicago, 1950, Abk.: Parker, Calendars

F.J. Schmitz, Amenophis I, HÄB 6, Hildesheim, 1978

K. Sethe, Die Zeitrechnung der alten Ägypter im Verhältnis zu der der anderen Völker, NAWG 1919, 287-320; 1920,28-55; 97-141

T.C. Skeat, The Reigns of the Ptolemies, Münchener Beiträge zur Papyrusforschung und antiken Rechtsgeschichte, 39. Heft, München, 1969

D. Stahlman/O. Gingerich, Solar and Planetary Longitudes for Years -2500 to +2000 by 10-Day Intervals, Madison, 1963

E.H. Vestine u.a., Description of the Earth's Main Magnetic Field and its Secular Change, 1905-1945, Carnegie Institution of Washington Publication 578, Washington D.C., 1948

Z. Žába, L'orientation astronomique dans l'ancienne Égypte et la précession de l'axe du monde, Archiv Orientální Supplementa II, 1953

Erläuterung einiger Fachausdrücke

Die folgenden Erklärungen erheben keinen Anspruch auf Originalität, sie dienen lediglich dazu, dem Ägyptologen einige Begriffe in einfachster Weise zu erklären. Die Definitionen stammen meist aus P.V. Neugebauer, Astronomische Chronologie, dem dtv- Atlas zur Astronomie oder dem Fischer-Lexikon Astronomie (Stumpff/Voigt).

äquatoriales Koordinatensystem: ein Koordinatensystem, bei dem die Lage eines Punktes in Rektaszension α und Deklination δ angegeben wird. α und δ entsprechen am Himmel genau dem, was geographische Länge und Breite sind. Skizze: NAC I, 3.

Altlicht: Letzte Sichtbarkeit der Mondsichel am Morgenhimmel vor Eintritt des Neumondes.

Apokatastasis: Zusammenfall von idealisiertem und tatsächlichem bürgerlichen Jahr. Tritt rund alle 1460 Jahre für 4 Jahre, die Dauer einer Tetraeteris ein. Genaue Zahlen bei Ingham, JEA 55, 1969, 39-40.

arcus visionis (Sehungsbogen): Der Sehungsbogen β eines Gestirns (Stern oder Planet) ist die ohne Refraktion berechnete Höhendifferenz "Gestirn - Sonne" für den Morgen oder Abend, an welchem das Gestirn zum ersten Mal in der Morgendämmerung oder zum letzten Mal in der Abenddämmerung gesehen wird. Der Sehungsbogen wird also nicht gemessen, sondern berechnet; er ist für Aufgang und Untergang verschieden und hängt ab (1) von der Helligkeit des Gestirns, (2) von dem Winkelabstand der Aufgangspunkte von Gestirn und Sonne. Lit.: P.V. Neugebauer in OLZ 30, 1927, 447.

astronomische Dämmerung: Steht die Sonne 16° unter dem Horizont, so ist die Grenze für völlige Dunkelheit erreicht. Dieser Augenblick bezeichnet den Anfang der astronomischen Dämmerung am Morgen und ihr Ende am Abend.

Azimut: Der Winkel, den der Vertikal eines Gestirns mit dem Meridian bildet, heißt Azimut des Gestirns. Statt Azimut des Aufgangs sagt man auch Morgenweite, das ist der Abstand des Aufgangspunktes vom Ostpunkt, gemessen im Horizont.

bürgerliche Dämmerung: Steht die Sonne $6^{\circ}.5$ unter dem Horizont, so sind eben die hellsten Planeten und die Sterne erster Größe am Himmel zu erkennen. Dieser Augenblick bezeichnet den Beginn der bürgerlichen Dämmerung am Morgen und ihr Ende am Abend.

Deklination: siehe äquatoriales Koordinatensystem.

ekliptikales Koordinatensystem: Koordinatensystem, bei dem ein Punkt durch seine (geozentrische) Länge λ und seine Breite β festgelegt ist; Größtkreis ist die Ekliptik (scheinbare Sonnenbahn), die den Himmelsäquator im Frühlingspunkt und im Herbstpunkt schneidet. Skizze: NAC I, 3-4.

Extinktion: Abschwächung der durch die Erdatmosphäre dringenden Lichtstrahlen, in Zenithnähe am geringsten, in Horizontnähe am größten.

Frühaufgang: siehe heliakischer Aufgang.

geozentrische Länge λ: siehe ekliptikales Koordinatensystem.

Größe (m eines Sterns): magnitudo eines Sterns, gibt seine scheinbare Helligkeit an. Die Differenz zwischen zwei aufeinanderfolgenden Größenklassen beträgt $10^{0.4}$ = 2.512, d.h. ein Stern 1^m ist 2.512 mal heller als ein Stern 2^m.

heliakischer Aufgang: Erster sichtbarer Aufgang in der Morgendämmerung.

horizontales Koordinatensystem: Koordinatensystem, bei dem die Lage eines Punktes durch seine Höhe h und sein Azimut A angegeben wird, Größtkreis ist der Horizont. Das Azimut wird von Süd über Ost und Süd über West bis 180° gezählt. Skizze: NAC I, 4.

Kulmination: Meridiandurchgang, größte Höhe über dem Horizont. Zirkumpolarsterne gehen täglich zweimal durch den Meridian, einmal südlich des Pols (obere Kulmination = maximaler Horizontabstand), das zweite Mal nördlich des Pols (untere Kulmination = minimaler Horizontabstand).

Mißweisung: Abweichung zwischen der magnetischen und geographischen Nordrichtung, infolge der Wanderung des Erdmagnetfeldes langläufigen Veränderungen ausgesetzt. Eine negative Mißweisung bedeutet: der magnetische Norden weicht vom geographischen nach Westen ab, bei einer positiven nach Osten.

Präzession: kommt dadurch zustande, daß die Rotationsachse der Erde eine rotierende Bewegung im Raum vollführt. Der Nordpol der Erdachse, deren Verlängerung bis zur Sphäre ja den Nordpol des Himmels definiert, beschreibt um den Pol der Ekliptik einen Kreis, den er in etwa 26000 Jahren durchläuft. Auswirkungen: Rektaszensionen und Längen nehmen langsam zu, etwa 30° in 2000 Jahren.

Rektaszension: siehe äquatoriales Koordinatensystem.

Sehungsbogen: siehe arcus visionis.

Tetraeteris: siehe Apokatastasis.

Tropisches Jahr (365.2422): Zeitspanne zwischen zwei Durchgängen der Sonne durch den Frühlingspunkt, infolge der Präzession etwas kürzer als das siderische Jahr (365.2564).

Zeitgleichung: Differenz zwischen wahrer Sonnenzeit und einer gleichmäßig wachsenden Sonnenzeit. (Hauptgrund: Die Sonne bewegt sich auf der Ekliptik mit veränderlicher Geschwindigkeit). Lit.: NAC I, 13-4.

Anhang: Die Länge der ägyptischen Unterwelt

1. Jeweils in der Einleitung zur zweiten und dritten Stunde des Amduat[1] stehen genaue Maßangaben über die Strecke, die die Sonne auf ihrem Weg durch die Unterwelt pro Nachtstunde zurücklegt. Der Text ist an beiden Stellen dergleiche: *itrw* *309* *m ꜣw n sḫt tn* "309 *itrw* beträgt die Länge dieses Gefildes."

Bevor auf diese Zahlen weiter eingegangen wird, sind mehrere Passagen der 1. Nachtstunde zu betrachten, die ebenfalls eine genaue Maßangabe enthalten:

(1) Der Stundentitel (nach dem Abrégé)[2]:

ꜥk nṯr pn m tꜣ m ꜥrryt nt ꜣḫt imntt

itrw *120* *pw sḳdwt m ꜥrryt tn*

n sprt.f r nṯrw dwꜣtyw

Übersetzung (nach Hornung): "Dieser Gott tritt ein in die Erde im Torweg des Westhorizontes. 120 *itrw* sind in diesem Torweg zu fahren, bevor er die unterweltlichen Götter erreicht."

(2) Der Schlußtext[3] bietet:

itrw *120* *ḫr šmt ꜥrryt tn* (Amenophis II)

itrw *120* *ḫr šmt r ꜥrryt tn* (Thutmosis III; Ramses VI)

itrw *120* *ḫr šmt m ꜥrryt tn* (Ramses III)

"120 *itrw* Fahrt durch diesen Torweg" (Amenophis II)

"120 *itrw* Fahrt bis zu diesem Torweg" (Thutmosis III; Ramses VI)

"120 *itrw* Fahrt in diesem Torweg" (Ramses III)

(3) Im mittleren Register[4] steht:

mꜣꜥty sṯꜣ nṯr pn m msktt sḳdt m ꜥrryt nt n't tn

120 *itrw pw*

ꜥpp.f m-ḫt r Wrns

itrw *300* (lies *309*[5]) *pw m ꜣw.s*

Übersetzung (nach Hornung): "Die beiden Wahrheiten ziehen diesen Gott in der Nachtbarke, welche im Torweg dieser Stätte fährt. 120 *itrw* sind es, danach zieht er (weiter) zum Wernes, das 300 (bzw. 309) *itrw* lang ist."

Hornung interpretiert die 120 *itrw* an verschiedenen Stellen seines Kommentars[6] als die

1 E. Hornung, Das Amduat, Äg. Abh. Bd. 7, Wiesbaden 1963, Teil I, Text, S. 23 und 44; Teil II, Übersetzung, S. 43 und 63. Der Abrege, publiziert von Hornung, Das Amduat, Teil III, Äg. Abh. Bd. 13; Wiesbaden, 1967, bietet für die beiden Nachtstunden die gleichen Zahlenangaben.

2 Hornung, op. cit., Zl. 5-7; sehr ähnlich der Haupttext = Hornung, Amduat, Teil I, S. 2-3.

3 Hornung, op. cit., Teil I, S. 22 (Übersetzung S. 33 und S. 40, Anm. 75).

4 Hornung, op. cit., Teil I, S. 9 (Übersetzung S. 17).

5 vgl. Hornung, op. cit., Teil II, S. 18, Anm. 7.

6 S. 5, Anm. 24; S. 18, Anm. 4; S. 40.

Gesamtlänge der 1. Nachtstunde, die identisch sei mit dem Torweg (*ʿrryt*)[7]. M. E. sind die Texte nicht so eindeutig, als daß es nicht noch eine zweite Interpretationsmöglichkeit gäbe.

Der Sonnengott fährt zunächst 120 *itrw*, bis er an den Torweg gelangt (oben (2), Version Thutmosis III, die älteste erhaltene), bevor er die unterweltlichen Götter erreicht (oben (1)), dann fährt er noch eine gute Strecke, bis er an das Tor "Allesverschlinger" (*ʿm r-ḏr*) gelangt, das die zweite Stunde von der ersten trennt, vgl. den Schlußtext der zweiten Stunde[8] (in der Übersetzung von Hornung): "Es sagen die Datgötter, wenn dieser Gott eintritt in das Tor "Allesverschlinger", nachdem er die "Wasserfläche des Re" [= Gebiet der 1. Nachtstunde] durchfahren hat bis zum Wernes." Da es sich um zwei verschiedene Tore handelt, müßten diese, zumindest, wenn man den Text (2), Version Thutmosis III zugrunde legt, unmittelbar hintereinander liegen, wollte man Hornung's Interpretation folgen, ein Umstand, der eher unwahrscheinlich erscheint. Im Text des mittleren Registers (oben (3)) würden sich dann die 300 bzw. 309 *itrw* nicht auf *Wrns* beziehen, sondern auf *nʾt tn*, das in dem Suffix *.s* in *ȝw.s* wiederaufgenommen ist.

Daß diese grammatisch mögliche Deutung auch inhaltlich die wahrscheinlichere ist, dafür lassen sich zwei Argumente heranführen.

(1) Eine Maßangabe in der 1. Nachtstunde wird sich viel eher auf das Gebiet der 1. Stunde, wie auf das Gebiet der 2. Stunde beziehen.

(2) Die ägyptischen Stunden sind Gleichstunden. Es ist plausibel anzunehmen, daß die Sonne in der gleichen Zeit auch die gleiche Strecke durchläuft; bei der 2. und 3. Nachtstunde ist dies unzweifelhaft (309 *itrw*). Hat man jetzt in der 1. Nachtstunde die Auswahl zwischen 120 und 309 *itrw*, spricht dies Argument auch wieder für die letztere Angabe.

Ein drittes Argument wird sich rückwirkend aus dem folgenden ergeben, bei dem wahrscheinlich gemacht wird, daß 12 Gleichstunden zu 309 *itrw* einen (naturwissenschaftlichen) Sinn ergeben.

2. a) Da die Stunden zeitlich gleichlang sind, ist dies auch - wie oben schon bemerkt - für ihre räumliche Erstreckung anzunehmen, 2 bzw. 3 gleiche Maßangaben sind hierfür eine hinreichende Information, eine Wiederholung bei der 4. bis 12. Stunde wäre überflüssig. Auffällig ist nun die "krumme" Zahl von gerade 309 *itrw*, will man nur angeben, daß etwas ungeheuer groß ist, wählt man im Regelfall eine "glatte" Zahl, z.B. 1000 *itrw* für das "Gewässer des weißen Nilpferdes" (Tb Kap. 110) oder das "millionenfach erprobt" am Schluß der Rezepte. Es ist also zu vermuten, daß die 309 *itrw* eine sinnvolle Zahl darstellen.

Das einfachste wird sein, einmal die Gesamtlänge der ägyptischen Unterwelt zu betrachten, also 309 *itrw* mit 12 zu multiplizieren, was 3708 *itrw* ergibt. Da 1 *itrw* = 20000

7 S. 5, Anm. 22.

8 Hornung, Text S. 37, Übersetzung S. 55, Kommentar S. 60f.

Ellen = 20000 x 0.523m = 10.46km ist[9], ergibt sich eine Gesamtlänge der ägyptischen Unterwelt von 3708 x 10.46km = 38785.68km.

Diese knapp 39000km werden wahrscheinlich jeden an den Erdumfang erinnern, eine Strecke, die dem scheinbaren Lauf der Sonne von ihrem Untergang im Westen bis zu ihrem Aufgang im Osten entspricht - sofern man von einer Kugelgestalt der Erde ausgeht.

b) Es erscheint lohnend, das Problem einmal etwas genauer anzugehen. Die Aufgabe lautet: Wiegroß ist der Erdumfang in *itrw* für jemanden, der ihn in Ägypten auf die wohl einfachste Art bestimmte - nämlich vermittels der Erkenntnis, daß eine bekannte Nord-Süd-Strecke der Differenz der Einfallswinkel der Sonnenstrahlen entspricht ?

Die Länge eines Breitengrades beträgt bei $\varphi = 20^{o}$ 110.7124km, bei $\varphi = 30^{o}$ 110.8633km[10].

Da Ägypten im wesentlichen zwischen dem 24. Breitengrad (Elephantine) und dem 30. (Memphis/Heliopolis) liegt, wird bei der folgenden Rechnung mit einem Mittelwert für den 27. Breitengrad gerechnet, durch lineare Interpolation erhält man dann für die Länge eines Breitengrades einen Wert von 110.8180km.

Der Erdumfang beträgt also (360 x 110.8180km) : 10.46km = 3814 *itrw*. Oben war festgestellt worden, daß die Sonne während ihrer Nachtfahrt 3708 *itrw* zurücklegt. D.h. es bleiben für die Tagfahrt 3814 - 3708 = 106 *itrw* übrig.

Gesetzt den Fall, ein Ägypter hätte eine Vorstellung von der Kugelgestalt der Erde gehabt und einen Erdumfang von rund 3814 *itrw* berechnet, dann hätte sich ihm der tägliche Sonnenlauf wahrscheinlich wie in dem auf der folgenden Seite abgebildeten Modell dargestellt.

Er hätte dann vor dem Problem gestanden, eine Aufspaltung des Erdumfanges für die Tag- und die Nachtfahrt vorzunehmen. Daß die tagsüber zurückgelegte Strecke, die für ihn ja noch überschaubar war, wesentlich kleiner sein mußte als der Nachtweg, mußte ihm aus seiner Rechnung klargeworden sein. Die genaue Bestimmung der Strecke vom Osthorizont zum Westhorizont dürfte ihm jedoch Schwierigkeiten gemacht haben. Vermutlich ist er deswegen auf den Ausweg verfallen, sich den Horizont als Kreis zu denken und als Durchmesser dieses Kreises die Gesamtlänge Ägyptens anzusetzen, die seit dem MR kanonisch 106 *itrw* beträgt[11]. Diese 106 *itrw* zog er von der Gesamtlänge 3814 *itrw* ab, teilte den Rest durch 12 und erhielt so 309 *itrw* als Länge einer Nachtstunde.

9 L. Borchardt in Fs Lehmann-Haupt (Janus 1921), 120; vgl. Schlott-Schwab, Die Ausmasse Ägyptens nach altägyptischen Texten, Ägypten und Altes Testament Bd. 3, Wiesbaden, 1981, 120. Die exakte Gleichung 20000 Ellen = 1 *itrw* ist nicht schriftlich überliefert, es scheint aber wahrscheinlich, daß 1 *itrw* ein ganzzahliges Vielfaches der Elle (0.523m) bzw. des *ḫt-n-nwḥ* = 100 Ellen ist, sodaß Borchardts Vorschlag allgemein übernommen wurde, z.B. W. Helck in LÄ III, 1200 s.v. Maße und Gewichte.

10 Meyers Handbuch über das Weltall, Mannheim, 1973[5], 161.

11 Zusammenstellung der einschlägigen Texte bei Lacau/Chevrier, Une Chapelle de Sesostris Ier, Le Caire, 1956, 243ff. A. Schlott-Schwab, op. cit. (Anm. 9), 3ff.

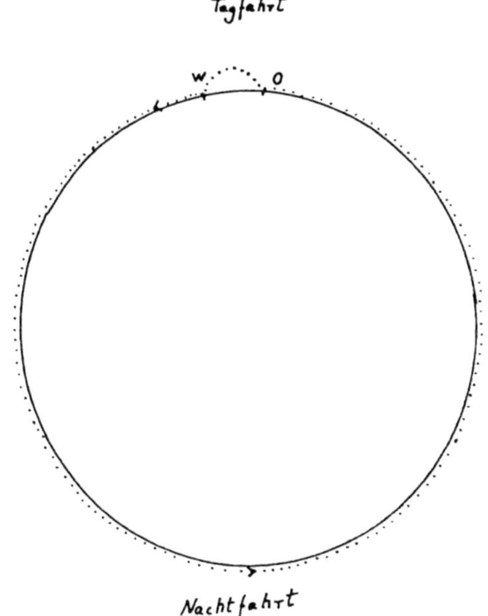

3. Aufgrund der hohen Übereinstimmung zwischen überlieferten Zahlen und theoretisch geforderten Werten halte ich es für legitim, die voranstehende Überlegung zumindest zur Diskussion zu stellen. Es wäre zwar erstaunlich, daß einige Ägypter schon um die Mitte des zweiten vorchristlichen Jahrtausends eine Vorstellung von der Kugelgestalt der Erde gehabt hätten, gänzlich unmöglich erscheint das aber nicht. Es hätte ihnen beispielsweise auffallen können, daß zur Zeit der Sommersonnenwende die Mittagssonne in Elephantine nahezu keinen Schatten warf, während er in Unterägypten zur gleichen Zeit erheblich größer war. Oder sie hätten feststellen können, daß im Augenblick der unteren Kulmination eines Zirkumpolarsterns die (geringe) Horizonthöhe des Sterns mit wachsender nördlicher Breite zunahm.

Danach hätte man nur noch eine Nord-Süd-Strecke abmessen müssen, die Schatten zweier gleichhoher Gegenstände zu bestimmen gehabt und wäre dann mit einer einfachen Rechnung auf den Erdumfang gekommen. Je höher diese Gegenstände (z.B. Obelisken) waren, je weiter sie auseinander standen und je sorgfältiger man die einzelnen Messungen gemacht hätte, desto besser wäre die Bestimmung des Erdumfanges geglückt, bis hin zu den exakten 3814 *itrw*, die eine wesentlich genauere Maßangabe darstellen, als sie die Griechen, u. a. Eratosthenes, je erreicht haben.

Indices

Allgemein

Ägyptisch

Daten

Rechnungen